Lieblingsorte

3 Museum 't Behouden Huys [S. 144]

Man geht um die Ecke ... und da steht plötzlich ein ausgestopfter Eisbär vor einem! Groß und furchteinflößend, so wie ihn die Crew des Entdeckungsreisenden Willem Barents, die einst in der Arktis überwinterte, vermutlich auch gesehen hat. Diese und andere Begegnungen hält das Heimatmuseum bereit (s. S. 19).

006te-ug

33 Drenkelingenhuisje [H1]

Den zauberhaften Anblick des Rettungshäuschens, das verlassen am weiten Strand steht, muss man sich erst einmal verdienen. Rund 1½ Std. Fußmarsch sind nötig, um zu dem einstigen Unterschlupf für Schiffbrüchige zu gelangen. Hat man den Weg geschafft, wird man mit einem bildschönen Motiv belohnt, das auf den Watteninseln einzigartig ist (s. S. 69).

005te-ug

Die Fischräucherei

Er ist ein Meister seines Fachs, ein durch und durch sympathischer Mensch und ein begnadeter Geschichtenerzähler. Und so ist der Einkauf von geräucherten Makrelen und Lachsstücken bei Hans Ditzel mehr als der Erwerb eines überaus köstlichen Abendessens. Wetten, dass Sie wiederkommen (s. S. 60)?

008te-ug

Die Festival-Badewanne

Es sind verrückte, ausgelassene und inspirierende Sommertage, wenn sich ganz Terschelling in eine Bühne verwandelt und an jeder Ecke ein Konzert, eine Theateraufführung oder eine Ausstellung lockt. Pochendes Herz des mehrtägigen Kulturfestivals Oerol ist das Festivalgelände, auf dem eine fahrbare Badewanne Erfrischung bringt (s. S. 88).

009te-ug

Inhalt

Ganz bequem die Boschplaat ㉜ erkunden: mit der Pferdekutsche (s. S. 126)

052te-ug

Bewertung der Sehenswürdigkeiten
★★★ nicht verpassen
★★ besonders sehenswert
★ wichtig für speziell interessierte Besucher

Planquadrat im Kartenmaterial
[A1] Orte ohne diese Angabe liegen außerhalb unserer Karten. Ihre Lage kann aber wie die aller Ortsmarken mithilfe der begleitenden Web-App angezeigt werden (s. Anhang).

Updates zum Buch
www.reise-know-how.de/inseltrip/terschelling22

Blick vom Dellewal auf den Jachthafen von West-Terschelling ❶ (103te-ug)

Benutzungshinweise

Orientierungssystem

Die in den folgenden Kapiteln beschriebenen Attraktionen sind mit einer **fortlaufenden magentafarbenen Nummer** gekennzeichnet, die sich als Ortsmarke im Faltplan oder Ortsplan wiederfindet. Steht die Nummer im Fließtext, verweist sie auf die Beschreibung dieser Attraktion.

Die Angabe in **eckigen Klammern** verweist auf das Planquadrat im Faltplan oder auf den Ortsplan. Beispiele:

14 Bessenschuur ★★ [C3]

6 Leuchtturm Brandaris ★★★ [S. 144]

Alle weiteren Points of Interest wie Unterkünfte, Restaurants oder Cafés sind mit einer Nummer in **spitzen Klammern** versehen. Anhand dieser eindeutigen Nummer können die Orte in unserer speziell aufbereiteten Web-App unter www.reise-know-how.de/inseltrip/terschelling22 lokalisiert werden (s. S. 144). Beispiel:

› **Hotel De Walvisvaarder** €€€ <70>

Beginnen die Points of Interest mit einem **farbigen Quadrat**, so sind sie zusätzlich in den Detailplänen eingezeichnet:

■ **Restaurant Nap** €€€ <23>

Der Schmetterling …

… zeigt an, wo man besonders gut Natur erleben kann oder Angebote im Bereich des nachhaltigen Tourismus findet.

Kinder-Tipps

Das Symbol kennzeichnet Sehenswertes, Unterkünfte und Aktivitäten, an denen auch kleine Urlauber ihre Freude haben.

Preiskategorien

Gastronomie

Die folgenden Preiskategorien beziehen sich auf ein Hauptgericht ohne Getränke.

€	bis 10 €
€€	10–20 €
€€€	20–30 €
€€€€	ab 30 €

Unterkünfte

Die folgenden Preiskategorien beziehen sich auf ein Doppelzimmer und eine Ferienwohnung für 2 Personen pro Nacht.

€	bis 80 €
€€	80–120 €
€€€	120–160 €
€€€€	ab 160 €

Vorwahlen

› Deutschland: +49
› Österreich: +43
› Schweiz: +41
› Niederlande: +31
› Terschelling: 0562

TERSCHELLING ENTDECKEN

104te-ug

Terschelling im Überblick

Ein unruhiges Getümmel macht sich breit, wenn die große, weiße Fähre den Autos und Fußgängern ihren Bauch öffnet. Terschelling-Kenner wissen: Wer zuerst an Bord ist, kann sich einen guten Platz am Fenster oder im Freien sichern.

Dann legt die Fähre ab. Wenn das **Meer glitzert** und man gemächlich an **weiß leuchtenden Sandbänken** vorbeizieht, dann perlt der Stress ab. Das Besondere an einem Inselurlaub ist genau dieses Gefühl: Das Festland und damit auch die Alltagssorgen sind weit weg. Das Meer bildet eine Barriere zwischen dem Gestern und dem Heute, dem Job und dem Müßiggang. Und wer nach der zweistündigen Fährüberfahrt noch immer einen Funken Stress in sich trägt, der wird vom **Inselrhythmus** ins Adagio befördert. Auf Terschelling (sprich: Ters-chelling mit rauem „ch") geht alles eine Spur langsamer, die Menschen hören zu, grüßen sich bei einer Wanderung. Weil der Aktionsradius begrenzt ist, kommt man voll und ganz zur Ruhe. Der Urlaub kann beginnen ...

Menschen mit Charakter

Die **Watteninseln** sind – sowohl für die Menschen vom Festland als auch für die Inselbewohner – ein ganz besonderes Stück Erde. Wer hier wohnt, war früher von der Außenwelt abgeschnitten, auf sich selbst und die anderen Insulaner angewiesen. Man musste hart arbeiten, schätzte die Natur, vertraute einander, liebte das Meer und fühlte sich frei. **Bürgerlicher Ungehorsam** prägte nicht nur die Einwohner Terschellings, sondern auch die der anderen Watteninseln, was nicht zuletzt noch heute in der Tradition der **Strandräuberei** (s. S. 28) zu erkennen ist.

Im Charakter unterscheiden sich die Insulaner von den Festlandbewohnern, was auf Letztere im Übrigen eine starke Anziehungskraft ausübt. Man kommt nicht nur wegen der Natur und des Strandes nach Terschelling, sondern auch wegen der besonderen Atmosphäre, dem etwas **Schrulligen und Dickköpfigen.** Hat man das erste – meist wortkarge – Kennenlernen hinter sich, dann kann man sich nur wundern, welche Wortlawinen aus einem alten Terschellinger herausrollen können. Viele Insulaner sind **begnadete Geschichtenerzähler** und können alle Details des Familienlebens bis hin zum Urgroßvater genau auflisten.

Stolz auf die Insel

Die Insulaner sind stolz auf ihre Insel – und das zeigen sie auch. An vielen Gebäuden weht die **Flagge Terschellings** mit den fünf waagerechten Streifen in den Farben Rot, Blau, Gelb, Grün und Weiß. Rot soll die Wolken während des Sonnenuntergangs symbolisieren, Blau den Himmel, Gelb den Strandhafer in den Dünen, Grün das satte Gras und Weiß den Sand. Das sind die Farben Terschellings.

Vorseite: Die meisten historischen Häuser auf der Insel sind gut erhalten

Ideal für einen Kaffee in der Sonne: die charmanten Lokale von Midsland 16

013te-ug

Es gibt noch etwas, das alle Insulaner mit viel Stolz und vollem Einsatz unterstützen: das **Kulturfestival Oerol** (s. S. 88). Es findet immer im Juni statt, verteilt sich über die ganze Insel und zieht Festivalfreunde aus dem ganzen Land an. Weil es für diese zehntägige Kulturveranstaltung kein Stadion oder großes Theater gibt, stellen viele Insulaner ein Fleckchen zur Verfügung: Zwischen den Pfählen unter der Strandbar gibt es eine Fotoausstellung und in der Scheune vom Bauern wird ein Theaterstück aufgeführt. Auch auf dem Festivalgelände ist die Stimmung durchweg gigantisch gut.

Die Inselbeere

Wer Terschelling erkundet, kommt mit Sicherheit einmal an der **Bessenschuur** (14) vorbei, der „Beerenscheune". Was es mit dem Terschellinger **Cranberry-Kult** auf sich hat, wird auf Seite 31 erzählt. Fakt ist, dass in den Dünen Cranberrys wachsen und die Inselbewohner – nachdem sie die saure Beere viele Jahrzehnte ignoriert hatten – erkannten, dass mit den roten Früchten Geld zu machen ist. Und so gibt es heute überall auf der Insel Cranberry-Produkte: von der Handcreme über Tee und Saft bis zum Schnaps. Als Tourist kommt man um die kleine, rote Beere nicht herum, denn selbst wer im Restaurant einen Salat bestellt, wird darin noch Cranberrys entdecken.

Aber zurück zur Bessenschuur: Hier kann man allerlei Produkte mit Cranberrys kaufen, die unweit der Scheune geerntet werden. Im Sommer bietet sich der Genuss eines Cranberry-Kuchens auf der Terrasse als kulinarische Pause während einer **Radtour** (Vorschläge s. S. 78) an.

Traumhafte Strände

Radfahren und Cranberrys mögen verlockend sein, doch die Strände Terschellings sind noch anziehender, gehören sie doch zu den **schönsten und breitesten der Niederlande.** Sie sind naturbelassen und meist menschenleer, feinsandig und bei Sonne blendend weiß. Riesig groß sind sie auch: Vom Dünenfuß bis zum Flutsaum muss man an manchen Stellen

014te-ug

bei Ebbe bis zu einem Kilometer zurücklegen. Und mit einer Strandlänge von 30 Kilometern kann die Strandwanderung durchaus zur Herausforderung werden. Da die Insel maximal 4,5 Kilometer breit ist, macht es fast nichts aus, wo man seine Unterkunft hat – **der Strand ist nie weit weg!** Wer jedoch direkt an der Nordseeküste übernachten möchte, der sollte sich ein Hotel oder eine Ferienwohnung in **West aan Zee** [D3] oder **Midsland aan Zee** [D–E3] suchen. Den beiden Badeorten mit ihren Ferienhäusern und wenigen Hotels sieht man an, dass sie nicht geschichtlich gewachsen sind, sondern den Wünschen der Inselbesucher entsprungen sind, einen Urlaub direkt am Strand zu verbringen. So manch prominenter Niederländer hat sich hier seinen Traum vom Rückzugsort am Meer erfüllt. Auch **Wassersportler** (s. S. 75) sind hier gut aufgehoben und können sich in West aan Zee dem Stehpaddeln und Surfen widmen.

Breiter Strand: Für ein Bad im Meer muss man auf Terschelling erst einmal einen Fußmarsch zurücklegen

Fünf Inseln wie Perlen an einer Schnur

Die **Friesischen Inseln** in den Niederlanden sind eine Weiterführung der ostfriesischen Inseln Deutschlands im Westen. Dazu gehören Texel, Vlieland, Terschelling, Ameland und Schiermonnikoog. Übrigens: Die Niederländer merken sich die Reihenfolge der Inseln von West nach Ost mit dem etwas seltsam anmutenden TV-TAS (es funktioniert!).

Terschelling ist die mittlere der fünf niederländischen Inseln. Sie gehört zur **Provinz Friesland** und liegt rund 15 Kilometer vom Festland entfernt, eingebettet zwischen Wattenmeer und Nordsee. Wie ein **langgezogenes Oval** erstreckt sich Terschelling von Südosten nach Nordwesten. Fast 30 Kilometer ist die Insel lang und an der schmalsten Stelle nur drei Kilometer breit. Am breitesten ist Terschelling im Westen beim Hauptort West 1. Übrigens zählt Terschelling zu den **größten Gemeinden** des Landes. Das liegt daran, dass ein Teil des Wattenmeers und die unbewohnte Insel **Griend** (s. S. 106) mitgezählt werden.

Zwischen zwei Meeren

Im Norden von Terschelling schlägt die **Nordsee** ihre Wellen an den Strand. Wer lange, breite Sandstrände sucht, der muss zur West- und Nordküste aufbrechen. Das Gute ist: Mit dem Fahrrad ist man praktisch von jedem Ort auf Terschelling aus in nur wenigen Minuten am Nordseestrand.

Im Süden der Insel erstreckt sich – von Ebbe und Flut geprägt – das **Wattenmeer.** Es zählt, gemeinsam mit dem deutschen und dänischen Wattenmeer, zum **UNESCO-Weltnaturerbe.** Hier gibt es keine Strände. Der Meeresbereich zwischen Festland und Insel ist alle sechs Stunden entweder mit Wasser oder mit Schlick bedeckt. Ein wunderschöner **Rad- und Wanderweg** führt vom Westen der Insel bis in den Osten am Wattenmeer entlang, an Deichen voller Schafe. Und natürlich kann man auch zu einer **Wattwanderung** (s. S. 127) aufbrechen. Dabei kann man den Zauber des steten **Rhythmus von Ebbe und Flut** auf sich wirken lassen, der den **Vögeln** (s. S. 101) einen reich gedeckten Tisch beschert. Weitere Bewohner des Wattenmeers sind die vielen **Robben**, denen man per Schiff oder Kanu einen Besuch abstatten kann (Details s. S. 127).

Die Inselorte

Der Westen des Eilands ist maritim geprägt. Im Ort **West-Terschelling** 1 legt die **Fähre** (s. S. 112) an, die Jachten schaukeln im Hafen 2, die Rettungsboote der Küstenwache haben hier ebenso ihren Anlegeplatz wie die Fischkutter. Die vom Festland kommenden Gäste werden in kleinen Cafés und Restaurants bewirtet, die sich vom Hafen entlang der **Torenstraat** angesiedelt haben. Der Straßenname verrät es: Der Weg führt hinauf zum Turm, zum Wahrzeichen der Insel, dem **Leuchtturm Brandaris** 6. Mit einem stolzen Alter von mehr als 400 Jahren ist er der älteste Leuchtturm der Niederlande. Für viele ist er auch der schönste. Er hat auf jeden Fall eine eigenwillige, viereckige Form und eine stattliche Höhe. Übrigens ist er noch immer in Betrieb.

West-Terschelling ist der **Hauptort** der Insel, auch wenn dort nur rund 2500 Menschen wohnen. Wer Shoppen und Essengehen schätzt und das quirlige Leben eines Hafenortes mag, der ist in „West“, wie die Einheimischen es nennen, bestens aufgehoben. Am Ortsrand stehen ein paar

Auf der Seinpaalduin 11 begegnet man dem Brandaris 6 auf Augenhöhe

015te-ug

größere **Hotels:** Die Apartmenthäuser von Landal und WestCord Boschrijck (beide s. S. 34) im Wald sowie die Hotels WestCord Schylge (s. S. 34) und Bornholm (s. S. 33) am Wattenmeer. Auch die meisten **Sehenswürdigkeiten** wie das Bunkermuseum 13, das Heimatmuseum 't Behouden Huys 3 und zwei Aussichtsdünen 11 sind im Inselwesten zu finden.

Der nächstgrößere Ort in Richtung Osten ist **Midsland** 16, das, wie der Name schon sagt, in der Mitte der Insel liegt. Midsland ist ein bezauberndes Dorf mit einer hübschen Kirche und einer einladenden Einkaufs- und Ausgehstraße namens **Oosterburen**, in dem sich ein historisches Haus an das nächste reiht. Man bekommt sofort Lust, sich hinzusetzen und einen Kaffee zu trinken. Das sollte man auch unbedingt tun, denn **De Ouwe Smidte** (s. S. 47) röstet seinen Kaffee selbst und schenkt ihn direkt im kleinen Kaffeehaus aus. Wer Hunger hat, kann sich in der **Pura Vida Foodbar** (s. S. 47) mit einer Poké Bowl und einer Holunderlimonade verwöhnen lassen. Aber auch Lokale mit echter Hausmannskost findet man in der Oosterburen.

Weiter geht die Reise auf dem Hoofdweg gen Osten nach **Formerum** 20, dessen große **Windmühle** 21 die Besucher schon von Weitem grüßt. Zu ihren Füßen erstreckt sich ein schöner Cafégarten, in dem man sich Cranberry-Kuchen und Milchkaffee schmecken lassen kann. Fürs Mittag- und Abendessen ist **De Rustende Jager** (s. S. 53) gegenüber zu empfehlen. In Formerum haben sich viele **Camping- und Ferienparks** angesiedelt. Neben der Windmühle ist das **Wrakkenmuseum** 22 sehenswert, vor allem wenn man mit Kindern unterwegs ist. Übrigens gelangt man vom Ort auch auf direktem Wege zum Nordseestrand, allerdings nur mit dem Fahrrad.

Der Osten ist landwirtschaftlich geprägt. Im nächsten Ort namens **Lies** 23 kann man auf dem Biobauernhof **Spanjer** Rindfleisch und bei **Pieter Peit's Hoeve** (beide s. S. 56) Bauernkäse kaufen. In Lies stehen prächtige, alte Wohnhäuser aus dem 17. Jahrhundert und sogar das älteste Bauernhaus der Insel, der Admir von 1662. Wer in dieser idyllischen Umgebung übernachten möchte, der ist im **Hotel De Walvisvaarder** (s. S. 55) bestens aufgehoben.

016te-ug

Von Lies sind es nur wenige hundert Meter bis nach **Hoorn** 26, wo die älteste Kirche der Insel steht: die **Sint Janskerk** 27 aus dem 13. Jahrhundert (zugegeben, viele Kirchen gibt es auf Terschelling nicht). Das etwas verschlafene Dorf mit seinen nicht einmal 500 Einwohnern wird erst abends so richtig wach, wenn **Hessel, der singende Kneipenwirt** (s. S. 61) und seine Tochter Tess in ihrem sehr empfehlenswerten **Café-Restaurant De Groene Weide** (s. S. 59) auftreten und Schlager zum Besten geben. Die beiden sind auch auf dem Festland bekannt und haben bereits Konzerte im Amsterdamer Ziggo Dome gegeben.

Hinter Hoorn wird es noch ländlicher: Die Pferde des Kutschers **Terpstra** (s. S. 85) weiden entlang der Hoofdstraat, der **Selbstpflückgarten Groenhof** (s. S. 58) lädt zum Beerensammeln ein und der **Schafbauernhof de Zeekraal** (s. S. 66) zum Käse-Einkauf.

Damit wären wir auch schon im östlichsten Ort der Insel, in **Oosterend** 28. Hier befand sich früher, bevor die Sandbank **Boschplaat** 32 angespült wurde, tatsächlich das Ende der Insel. Heute ist das anders: Das beeindruckende, komplett unbewohnte **Naturschutzgebiet** bedeckt einen Großteil des Inselostens. Und kaum ein Inselbesucher lässt sich einen Ausflug zur Boschplaat entgehen. Doch aufgepasst! Mit dem Auto kommt man hier nicht weiter, mit dem Fahrrad nur ein Stück und wer bis zum östlichen Ende der Insel möchte, der muss gut zu Fuß sein: Es sind ganze 12 Kilometer. Alternativ bietet sich eine **Kutschfahrt** an (s. S. 70). Zumindest den 1½-stündigen Fußmarsch zum **Drenkelingenhuisje (Rettungshäuschen)** 33 nehmen die meisten Inselbesucher auf sich – ein absolut lohnenswerter Weg (s. Wanderung 1 auf S. 83)!

Inselsteckbrief

- **Inselname im lokalen Dialekt:** Schylge
- **Länge:** ca. 30 km
- **Breite:** max. 4,5 km
- **Landfläche:** 89,35 km²
- **Wasserfläche:** 58 km²
- **Strandlänge:** 30 km
- **Strandbreite:** bis zu 1 km
- **Höchster Punkt:** 31,40 m (Aussichtsdüne Kaapsduin 11 bei West-Terschelling 1)
- **Radwegenetz:** ca. 70 km
- **Einwohner:** 4889 (2020)
- **Besucher:** rund 500.000 (2019)
- **Touristenbetten:** rund 18.000
- **Anzahle der Orte:** 12

017te-ug

Die Windmühle ist das Wahrzeichen von Formerum 20

Kunstvoll: Weg zum Hofladen von Zeekraal (s. S. 66) in Oosterend 28

018te-ug

Wie die Insel erkunden?

Auch wenn es auf den ersten Blick etwas umständlich erscheint, es ist eigentlich ganz einfach: Man nimmt die Fähre, kommt im Fährhafen an, läuft ein paar Meter, gibt den Koffer ab und setzt sich aufs **Fahrrad** *(fiets)*. Zwei Radverleihe befinden sich direkt am Hafen: Fietsverhuur Zeelen und Tijs Knop (beide s. S. 33). Besonders praktisch: Die beiden Radverleihe **bringen das Gepäck zur Unterkunft** und man kann selbst mit dem Fahrrad dorthin fahren. Sogar das im Osten gelegene Oosterend ist ausgezeichnet per pedales erreichbar, vor allem wenn man ein **E-Bike** wählt – vom Hafen sind es nur 15 km dorthin.

Was das **Verkehrsnetz** angeht, hat man es auf Terschelling leicht. Eine **einzige Hauptstraße** mit **parallel verlaufendem Radweg** führt vom Westen der Insel in den Osten und verbindet „West" mit Oosterend. Von „West" und Midsland zweigen Straßen in nördliche Richtung an den Nordseestrand ab, an dem die Badeorte West aan Zee und Midsland aan Zee liegen. Sämtliche Orte werden auch von den **zwei Buslinien** (s. S. 130) der Insel angefahren.

1 West-Terschelling  [C4]

Der Hauptort der Insel, in dem die Fähre anlegt. Zum Shoppen und Ausgehen, aber auch zum Museumsbesuch kommt man nach „West".

Schon bei Ankunft der Fähre weiß man, dass man diesen Ort ins Herz schließen wird: das lebhafte Treiben in den Straßen und Gassen, das einem Hafenort eigen ist. Der markante, viereckige **Leuchtturm Brandaris** 6, der mitten im Ort steht und weit über die schmucken Giebelhäuser hinausragt. Die vielen Boote und Schiffe, große und kleine, luxuriöse und einfache, die im **Hafenbecken** 2 sanft auf den Wellen schaukeln. Und kaum an Land, entdeckt man das eine oder andere gemütliche **Restaurant**, in das man auf jeden Fall einmal einkehren möchte.

Terschellings Verkehrmittel Nummer eins: das Fahrrad (fiets)

West und seine hübschen Giebelhäuser mit Maueranankern

Wer einkaufen und sich amüsieren möchte, muss nach „West“, wie der Ort der Einfachheit halber abgekürzt wird. Ein ausschweifendes Nachtleben wird man hier jedoch nicht finden. Wozu auch, wenn einen die langen Strandspaziergänge und Radtouren am Abend müde ins Bett fallen lassen und ein Bier in der Strandbar sowieso viel besser schmeckt als in einer düsteren Kneipe.

West-Terschelling ist zudem derjenige Ort der Insel, in dem man tiefer in die **Geschichte des Eilands** eintauchen kann. Und das sollte man unbedingt tun! Denn Terschelling hat viele spannende Legenden von Schiffsuntergängen, Verwüstungen, Wracktauchern und Strandräubern in seinen Chroniken stehen. Diese erfährt man auf unterhaltsame Art und Weise im **Heimatmuseum 't Behouden Huys** 3.

Zurück in die Gegenwart und zum geplanten Inselurlaub. Was sie unternehmen können, erfahren Inselbesucher bei der Touristeninformation **VVV Terschelling** (s. S. 118), deren Büro zentral zwischen Ortseingang und Hafen zu finden ist. Ein paar Stufen führen hinauf zum Gebäude, in dem es Karten, Broschüren, Tickets, Souvenirs und viele Informationen gibt. Den Gang zum VVV sollte man unbedingt in den ersten Urlaubstagen erledigen, denn sonst ist die Enttäuschung groß, wenn die Robbentour oder Bienenexkursion vielleicht schon ausgebucht sind.

West-Terschelling ist für viele Inselbesucher die Ausgangsbasis für ihren Urlaub, denn in dem Hauptort gibt es viele schöne **Hotels** am Wattenmeer oder im Wald, eine **Jugendherberge** auf der Düne und eine gute Auswahl an **Apartments** mit großen Sonnenterrassen.

Mit dem Fahrrad oder Auto ist man von West in wenigen Minuten im **Badeort West aan Zee**, wo der lange, breite Nordseestrand zu Spaziergängen, Sonnenbaden und Strandvergnügen einlädt.

KURZ & KNAPP

Stolpersteine erinnern an jüdische Familie

In West-Terschelling 1 können aufmerksame Fußgänger in der **Boomstraat** drei **Messing-Stolpersteine** (ein Projekt des deutschen Künstlers Gunter Demnig) auf dem Gehsteig entdecken. Sie erinnern an Mitglieder der einzigen jüdischen Familie auf Terschelling, die während des Zweiten Weltkriegs von den Nationalsozialisten deportiert und ermordet wurden. Die Familie bestand aus Oma Judik Spijer, ihrer Tochter Sara Pais und dem Enkel Benjamin Jacob Krönstein. Sara starb bereits in Amsterdam, ihre Mutter im Vernichtungslager Sobibor und ihr Sohn Benjamin in Auschwitz.

019te-ug

2 Hafen ★★★ [S. 144]

Der Hafen von Terschelling ist der einzige Hafen der Niederlande, der in einer natürlichen Bucht liegt.

Auf Satellitenfotos kann man die großen **Untiefen** vor dem Wattenmeerhafen sehen, die bei Ebbe trockenfallen. Schiffe müssen also die **Fahrrinne** (mit starker Strömung!) entlang der Insel nutzen, um zu ihrem Ankerplatz zu gelangen.

Der Hafen von Terschelling besteht aus **fünf Bereichen:** Im **Fährhafen** legen die Fährschiffe der Reederei Doeksen (s. S. 112) an. Dieser Hafenbereich ist nur der Reederei vorbehalten und genau auf ihre Schiffe – den Schnelldienst-Katamaran und die Autofähre – zugeschnitten. Daneben, zwischen Fährhafen und Streckdamm im Westen, liegt ein weiteres Hafenbecken namens **De Kom.** Hier befindet sich die Rettungsabteilung mit den Booten der niederländischen Seenotrettungsorganisation KNRM (s. S. 74) und dem Steg für das Ambulanzboot.

Neben dem Fährhafen in nördlicher Richtung kommt der **Charterhafen** mit zwei großen Anlegestellen für die **Braune Flotte** *(Bruine Vloot).* Das ist der Name der historischen Segelschiffe, die Passagiere zu Törns übers Wattenmeer mitnehmen. Der Hafenmeister regelt die Zuweisung dieser Liegeplätze. Hier ankert ferner das **Rettungsboot Brandaris** von 1923, das für Ausflüge zu den Seehundbänken genutzt wird (s. S. 127).

Der **Bojen-Hof** mit seinen ausgedienten Bojen zur Markierung der Fahrrinne ist ein beliebtes Fotomotiv am **Werkhaven (Arbeitshafen).** In diesem Teil des Hafens können Tanker und Frachtschiffe be- und entladen werden. Der lange, gerade Kai und das große Gelände drumherum ermöglichen es, dass z. B. Sandschiffe ihre Ladung sicher löschen können.

Der **Jachthafen** erstreckt sich nördlich des Arbeitshafens in der Bucht namens Dellewal und am Fuße einer 22 Meter hohen Düne, die Grootduin oder „Berg" genannt wird. Er wird von der Stiftung Passantenhaven Terschelling verwaltet und hat einen eigenen Hafendienst (Details s. S. 114). Am Jachthafen führt der **Wattenmeer-Radweg** vorbei, der auch zum Spazierengehen einlädt.

› Willem Barentszkade

023te-ug

3 Commandeurshuizen mit Museum 't Behouden Huys ★★★ [S. 144]

Das Heimatmuseum der Insel ist in zwei früheren Kommandeurshäusern untergebracht, in denen einst die wohlhabenden Kapitäne der Walfangflotten wohnten.

Schon von außen ist das Museum ein wahrer Blickfang. Die **Commandeurshuizen (Kapitänshäuser)** mit dem schönen Treppengiebel stammen aus dem Jahr 1668. Darin wohnten die „Kommandanten", die Kapitäne der **Walfangschiffe** (s. S. 23). Heute beherbergen die zwei Häuser das Heimatmuseum der Insel, das nicht nur interessante Objekte zeigt, sondern historische Themen auch sehr gut und interaktiv aufbereitet. Benannt ist das Museum nach dem historischen Behouden Huys, dem „Schutzhaus" des Entdeckungsreisenden **Willem Barents** (s. S. 21), in dem dieser 1597 mit seiner Mannschaft auf der Doppelinsel Nowaja Semlja im Nordpolarmeer überwinterte. Eine Nachbildung der Hütte ist im Museum zu sehen – und natürlich erfährt man auch seine Geschichte.

Neben Willem Barents wird außerdem die **Inselgeschichte** thematisiert. Deutlich wird, wie sehr Schifffahrt, Fischerei (s. S. 109) und Walfang die Insel prägten. Anschaulich wird von Feuersbrünsten und Entdeckungsreisen erzählt, gezeigt werden Schiffsmodelle, Gemälde, Trachten und Navigationsgeräte. Sehr interessant sind zudem die früheren **Mitbringsel der Seeleute**, die in Vitrinen

◁ *Im Hafen von West liegen historische Segelschiffe vor Anker*

Lotsen

Mindestens so alt wie die Schifffahrt auf der Insel ist das Lotsenwesen, das auf Terschelling „loadsery" genannt wird. In den Gewässern des Wattenmeers und vor allem zwischen Terschelling und Vlieland waren die Kenntnisse eines Lotsens unverzichtbar, um zwischen den Untiefen des Meeres manövrieren zu können. Aufgrund des dynamischen Charakters des Wattenmeers verschoben sich regelmäßig Fahrrinnen und Sandbänke – was sie im Übrigen noch immer tun. Schon im Mittelalter begann man also damit, zur Orientierung Tonnen und Baken entlang der Fahrrinnen zu befestigen.

Waren die Lotsen in den Anfangszeiten noch Fischer, die sich durch den Lotsendienst ein Zubrot verdienten, so wurde der Lotsendienst ab dem frühen 17. Jahrhundert landesweit reguliert. Lotse wurde zum Berufsbild und erforderte das Absolvieren eines Examens.

Aber was genau tut ein Lotse? Mit einem Lotsenboot wird der Lotse zu jenem Schiff gebracht, das manövriert werden muss. Über eine Strickleiter gelangte er an Bord, was bei Sturm durchaus kein leichtes Unterfangen ist. So mancher Lotsenkutter erlitt bereits Schiffbruch wie 1925 das Boot „Terschelling en het Vlie no. 2", das bei Sturm unterging. Infolgedessen ertranken 13 Terschellinger und hinterließen elf Witwen sowie rund 30 Kinder.

Im März 2006 wurde die Lotsenstation von Terschelling nach Harlingen auf dem Festland verlegt. Seitdem wird ein schneller Tender mit Düsenantrieb für den Transport der Lotsen eingesetzt.

021te-ug

ausgestellt sind; darunter solch exotisches Kunsthandwerk wie ein aus Nelken geflochtenes Boot.

Außerdem sind original eingerichtete **Stilzimmer** zu sehen, die einen Eindruck vermitteln, wie man um das Jahr 1900 auf der Insel wohnte. Damals war es Mode, Gemälde vom italienischen Vesuv im Wohnzimmer aufzuhängen. Begutachten lassen sich auch die kleinen Teppiche, die Seeleute stickten, wenn sie sich während einer Flaute auf den Weiten des Meeres langweilten.

Zur **Entstehungsgeschichte** des Museums: So wie überall in den Niederlanden verschwanden auch auf Terschelling nach dem Ersten Weltkrieg die Volkskunst, die alten Handwerkskünste und die traditionelle Tracht. Viele der wertvollen Kulturgegenstände wurden an Interessenten vom Festland verkauft. Daher bildete sich im Jahr 1937 eine Kommission, die es sich zur Aufgabe machte, so viel Kulturgut wie möglich zu sammeln und auf der Insel zu bewahren. Im Jahr 1952 erwarb die Gemeinde die Kommandeurshäuser, sodass die Kollektion dort ausgestellt werden konnte. Durch Leihgaben und Schenkungen vieler Terschellinger wuchs die Sammlung zu ihrem heutigen Umfang heran.

Die Museumsmitarbeiter haben eine sehr interessante und detaillierte **Audiotour** gestaltet, die auch auf Deutsch angeboten wird und die man an der Kasse kostenlos für den Rundgang erhält.

› Commandeurstraat 30, Tel. 0562 442389, https://behouden-huys.nl, geöffnet: Mo-Fr 11-17, Sa/So 13-17 Uhr, Eintritt: Erw. 7,50 €, Kinder 4-18 Jahre 3 €

Treppengiebelhäuser in der Commandeurstraat

4 Westerkerk ★ [S. 144]

Kleines, weißes Kirchlein aus dem Jahr 1663

Die Kirche mit dem hübschen Dachreiter überstand als eines der wenigen Gebäude den großen Brand, den die Engländer 1666 im Englisch-Niederländischen Krieg entflammten („Engelse Furie", s. S. 107). Dadurch, dass die Kirche weiß getüncht ist, ist ihr das Alter nicht anzusehen. Doch im Kircheninneren gibt es noch einige Gegenstände aus der Entstehungszeit, zum Beispiel die Kanzel, das Chorgestühl und den kupfernen Taufbeckenbogen. Unter der Kanzel ist der Dominee (Pastor) Johannes Gravenstein begraben, der wesentlich zum Wiederaufbau des Dorfes nach dem großen Brand beitrug.

› Westerbuurtstraat 4

5 Oude Zeevaartschool (Alte Seefahrtschule) ★ [S. 144]

In früheren Zeiten wurden Seeleute auf Schiffen nach dem Prinzip „learning by doing" ausgebildet – bis 1875 die Seefahrtschule gegründet wurde.

Nautische Grundkenntnisse erhielten die Insulaner meist schon in der Schule. Während in vielen Hafenstädten auf dem Festland Seefahrtschulen bereits im frühen 19. Jahrhundert gegründet wurden, war Terschelling ein „Spätzünder". Im Jahr 1875 war es dann aber so weit und die Seefahrtschule wurde ins Leben gerufen – mit Fächern wie Nautik, Mathematik, Erdkunde und Werkzeugbau. Erster Direktor war der damals erst 21 Jahre alte **K. Prakken**, der die Seefahrtschule in Amsterdam absolviert hatte und praktische Erfahrung mitbrachte. Mit steigender Studentenzahl wurde das alte Gebäude zu klein und man errichtete 1918 am Burgemeester Van Heusdenweg einen Neubau namens **Willem Barentsz School** (der inzwischen wieder abgerissen wurde). Seit 1992 büffeln die Schüler am Dellewal in einem neuen Gebäude mit eigenem Internat.

› Zeevaartschoolstraat 7

Ein Winter im Polareis: Willem Barents

Der auf Terschelling, vermutlich im Dorf Formerum 20 geborene Willem Barents (um 1550–1597) führte in den Jahren zwischen 1594 und 1596 insgesamt drei Expeditionen durch, um eine Nordostpassage nach China aufzuspüren. Die Route rund um Afrika lag zu jener Zeit in Händen der Portugiesen. Die ersten zwei Male musste er wegen zu starkem Eisgang zurückkehren. Während der dritten Seereise entdeckte er Spitzbergen und fuhr weiter nach Nowaja Semlja, einer Insel vor Russland im Nordpolarmeer. Das Schiff blieb jedoch im Eis stecken und die Mannschaft musste den Winter – in der monatelang dunklen Polarnacht – auf der Insel verbringen. Aus Schiffsteilen errichteten sie ein Haus, ernährten sich von Polarfüchsen und konnten nicht verhindern, dass einige der Besatzungsmitglieder erfroren. Als der Frühling kam, verließen sie mit einem Rettungsboot die Insel. Willem Barents überlebte zwar den Polarwinter, doch starb er auf dem Weg zurück nach Holland am 20. Juni 1597, vermutlich an Skorbut. Nach ihm wurden die Barentssee und die Terschellinger Seefahrtschule 5 benannt. Ein Monument in Formerum erinnert an den großen Entdeckungsreisenden.

6 Leuchtturm Brandaris ★★★ [S. 144]

Der älteste Leuchtturm des Landes, der noch voll in Gebrauch ist.

Das erste Leuchtfeuer auf Terschelling datiert auf das Jahr 1323. Interessant ist die Geschichte seiner Entstehung, besser gesagt: der Grund für seine Entstehung. Denn der Leuchtturm wurde von der **Stadt Kampen** in Auftrag gegeben. Doch dieses Städtchen liegt nicht gerade um die Ecke, sondern – als eine der früheren Hansestädte – am Fluss IJssel. Das war allerdings nicht immer so. Kampen lag einmal direkt am Meeresarm namens Zuiderzee, dem heutigen IJsselmeer. Durch den Seehandel war die Stadt zu Wohlstand gekommen. Doch den Kampener Kaufleuten machte die gefährliche Passage über die **Meerenge Vlie** (s. S. 76) zwischen den Inseln Vlieland und Terschelling große Sorgen. Aufgrund der vielen Sandbänke und Untiefen war die Durchfahrt ein riskantes Unterfangen; so manches Schiff strandete und sank. Die Kampener spendierten daher Steine und Holz für den Bau des Leuchtturms unter der Bedingung, keine Durchfahrtgebühren zahlen zu müssen. Jener Turm, am westlichsten Punkt der Insel auf einer Düne erbaut, stand bis 1593. Dann fiel er dem Meer zum Opfer, das die Düne unterspülte.

022te-ug

Ein **zweiter Leuchtturm**, der überhastet und mit schlechtem Material erbaut wurde, stürzte noch während der Errichtung zusammen und kostete sechs Menschen das Leben. Dies war der Vorläufer des heutigen Brandaris, welcher 1594 in seiner jetzigen Form fertiggestellt wurde. Wie durch ein Wunder überstand er den großen Brand von 1666, der von Engländern verursacht worden war und ganz West-Terschelling verwüstet hatte.

Der heutige Leuchtturm ist viereckig, 54 m hoch und 10 m breit. Auf dem Dach steht das **Leuchtfeuer**, das den Schiffen den Weg weist und seit 1907 elektrisch angetrieben wird. Somit war der Brandaris der erste Leuchtturm der Niederlande mit einer elektrischen Drehleuchte. Sein Licht ist 52 km weit zu sehen.

Der Brandaris ist rund um die Uhr bemannt und dient als **Seeverkehrszentrale** für das gesamte Wattenmeer. Zwar steht dem Leuchtturmwärter eine Vielzahl an technischem Equipment zur Verfügung. Doch dass auch ein „echter" Mensch mit einem Fernglas einen Blick auf das Wattenmeer wirft, gibt vielen Insulanern ein beruhigendes Gefühl.

◁ Ungewöhnliche Form: der eckige Leuchtturm Brandaris

Der Walfang und die Terschellinger Kapitäne

Zu Beginn des 17. Jahrhunderts entwickelte sich in den Niederlanden eine neue Einkommensquelle: der Walfang. Ursprünglich lag er in Händen der Basken, doch als immer mehr Tran benötigt wurde, stiegen auch die Engländer und Niederländer in das lukrative Geschäft ein. Tran gewann man aus der Fettschicht von Walen, Robben und Walrössern. Verwendet wurde er als Lampenöl, für die Herstellung von Seife und zur Bearbeitung von Leder. Das biegbare Fischbein, gefertigt aus den Barten der Wale, nutzte man für Kämme, Korsettstäbe, Sonnenschirme etc.

1612 brach das erste Schiff aus den Niederlanden in Richtung Norden auf. Die Gegend rund um Spitzbergen war bereits durch Kartenaufzeichnungen von Willem Barents (s. S. 21) bekannt; den Walfang selbst ließ man sich von den Basken zeigen. Die Reise in die arktischen Gewässer war ein lebensgefährliches Unterfangen. Es stürmte häufig und es lauerte die Gefahr, im Eis eingeschlossen zu werden. Zudem kostete der oftmals stundenlange Kampf mit den Riesen des Meeres so manchem Seemann das Leben.

Auch Terschellinger Kapitäne und Seeleute heuerten auf den Walfangschiffen an und sorgten dafür, dass es die Insel im 17. Jahrhundert zu Wohlstand brachte. So standen sechs der 23 niederländischen Schiffe, die im Gebiet der Davidstraße südwestlich von Grönland auf Walfang fuhren, unter dem Kommando Terschellinger Kapitäne.

Im Frühling, genauer im März, begann die Schiffsreise gen Norden. Erst im August kehrten die Seeleute zurück – mit der Folge, dass es neun Monate später regelmäßig zu einem Babyboom kam. In den 1770er-Jahren verlor der Walfang an Bedeutung. Aufgrund des Gemetzels in den Gewässern rund um Spitzbergen und Grönland zogen sich die Wale in nördlichere Gebiete zurück, die wegen des Treibeises schlecht befahrbar waren. Zudem hatte die Zahl der Wale wegen der Überfischung drastisch abgenommen.

Der **Name** „Brandaris“ wird übrigens häufig mit dem Verb *branden* („brennen“) in Zusammenhang gebracht, weil früher ein echtes Feuer im Turm brannte. Doch wahrscheinlicher ist es, dass der Name auf den **irischen Heiligen Brendan** (5. Jahrhundert) zurückgeht, der als Schutzpatron der Seeleute gilt und in vielen Kirchen rund um die Ost- und Nordsee verehrt wird.

Der Brandaris ist zwar **nicht für Besichtigungen zugänglich**, wird jedoch vom Standesamt für Hochzeiten genutzt.

› Brandarisstraat 2

7 Alter Friedhof am Brandaris ★ [S. 144]

Im Jahr 1827 wurde das **Verbot** erlassen, Tote weiterhin in Kirchengebäuden zu begraben. Es verursachte unangenehme Gerüche und war außerdem für die Familie des Toten ein teures Vergnügen. Das war auch der Grund, warum die in der Kirche Bestatteten als „reiche Stinker“ bezeichnet wurden.

Auch gab es in der Kirche zu wenig Platz, um die Dutzende von Ertrunkenen, die im Laufe der Jahrhunderte an den Strand gespült wur-

den, zu beerdigen. So entstand der Friedhof nördlich des Leuchtturms. Bis um das Jahr 1900 lag der Friedhof jedoch noch **außerhalb der Dorfgrenze.** Rund **500 Grabsteine** stehen dort, doch ein Vielfaches mehr an Toten (über 3300) liegt hier begraben, denn nicht jeder konnte sich einen Grabstein leisten. Später kam ein weiterer Friedhof am Ortsrand (Longway) hinzu, der durch seine idyllische Lage im Wald einen Besuch wert ist.

› **Oude Begraafplaats bij de Brandaris,** Schoolstraat 26, von Sonnenauf- bis -untergang zugänglich

8 Centrum voor Natuur en Landschap en Zeeaquarium ★★ [S. 144]

Naturmuseum mit großem Meeresaquarium

Dieses Museum entstand dank einer privaten Initiative im Jahr 1954. Hier werden die verschiedenen **Landschaftsformen** der Insel erläutert, zum Beispiel anhand eines Modells der Boschplaat 32. Weitere Themen sind die Entstehung von Ebbe und Flut, Meeresströmungen, Wetterbedingungen, Sandbewegungen, Dünenbildung, Fische und Meeresorganismen. Hauptanziehungspunkt jedoch ist das große **Meeresaquarium** mit 100.000 Litern Wasser. Wer schon immer mal einen **Rochen** streicheln wollte, kann das hier tun.

› Burgemeester Reedekerstraat 11, www.natuurmuseumterschelling.nl, geöffnet: April–1. Nov. Mo–Fr 11–17, Sa/So 13–17 Uhr, Rest des Jahres Di und in niederländischen Schulferien tägl. 11–17, Sa/So 13–17 Uhr, Eintritt: Erw. 7 €, Kinder 4–12 Jahre 5,50 €

9 Zeeliedenmonument (Seefahrerdenkmal) ★★ [S. 144]

Eine Frau, die aufs Meer blickt. Ob er wohl wieder heimkehren wird?

Die **Bronzestatue am Westzipfel** der Insel erinnert an all diejenigen, die ihr Leben auf See verloren haben. Insulaner waren und sind noch immer in der Schifffahrt tätig. Früher waren sie oft auf gefährlichen Reisen zum **Walfang** (s. S. 23) im Polarmeer unterwegs. Oder sie fuhren bis ans andere Ende der Welt nach Indonesien, um mit Gütern zu handeln. Noch heute arbeiten viele Terschellinger als Fischer, Nautiker oder Ehrenamtliche bei der Rettungsgesellschaft. Leider verloren viele ihr Leben bei Stürmen oder Kriegen. Die Familien und Kinder blieben allein auf der Insel zurück.

Im Jahr 1993 wurde den auf See Umgekommenen und ihren Angehörigen ein Denkmal errichtet: das Standbild einer Seemannsfrau, die aufs Meer hinausschaut und auf die Rückkehr ihres Mannes oder Sohnes wartet.

› Willem Barentszkade/Groene Strand

⌃ Seefahrerdenkmal: eine Ausschau haltende Frau am Grünen Strand

⑩ Grüner Strand und Noordsvaarder ★★★ [B5]

Der Westzipfel der Insel ist ein großes Naturschutzgebiet.

Der **Noordsvaarder** war früher einmal eine große **Sandbank**, die im 19. Jahrhundert an Terschelling angewachsen ist. Für das ungeübte Auge ist dies nicht erkennbar. Doch wer darauf achtet, erkennt bei einem Spaziergang über die **Wanderwege** westlich von West-Terschelling eine grüne Talsenke. Das ist der **Grüne Strand (Groene Strand)**, auf dem durch das Anschwemmen der Sandbank wieder Vegetation wachsen konnte. Der Grüne Strand liegt unmittelbar an der **Grenze von Wattenmeer und Nordsee.**

Nach dem Grünen Strand beginnt der Noordsvaarder, der wiederum im Norden von großen, fast weißen **Dünen** (s. S. 99) begrenzt wird. Das Gebiet ist gekennzeichnet von feuchten Talsenken, Birkenwäldern und hellsandigen Dünen. Ein Teil der Landschaft wird von **Ziegen** begrast, um die Vegetation niedrig zu halten.

Durch die besondere Bodenbeschaffenheit wachsen hier seltene Pflanzen wie das zur Familie der **Orchideen** (s. S. 104) gehörende Sumpf-Glanzkraut und das Fleischfarbene Knabenkraut. **Brutvögel** sind der Säbelschnäbler, der Seeregenpfeifer, der Große Brachvogel, die Rohr- und die Kornweihe. Man hört den Kuckuck, den Kiebitz, die Dorngrasmücke und den Fitis.

MEIN TIPP

Spaziergang durchs Watt und Fisch bei De Walvis

Ein Ausflug zum **Seefahrerdenkmal** ⑨ und zum **Grünen Strand** ⑩ lohnt sich ganz besonders **bei Ebbe,** denn dann fällt ein immens großer Teil des Wattenmeers am Westzipfel der Insel trocken – ideal für einen Spaziergang über den Meeresboden.

Danach lockt die Strandbar **De Walvis** (s. S. 36), von der aus man einen fantastischen Blick über den Strand genießt. Gut gestärkt kann man im Anschluss die **Seinpaalduin** ⑪ erklimmen.

Wann Ebbe ist, lässt sich auf dieser Website nachlesen:

› https://terschelling.org/de/gezeiten-ebbe-flut.php

025te-ug

Der Noordsvaarder ist von West-Terschelling aus erreichbar. Es gibt ein paar **Pfade,** die teilweise nach Regen schwer zugänglich sind.

Bitte beachten: Dies ist ein **raues Gebiet** mit nur wenig Schatten spendender Vegetation. Man ist Sonne und Wind gnadenlos ausgesetzt, was man bei einer Wanderung berücksichtigen sollte. **Regenjacke, Sonnenschutz und Wasser** gehören daher unbedingt ins Gepäck.

› Zugang über Willem Barentszkade/ Groene Strand oder Longway

Mit der Kutsche zum Noordsvaarder

Warum laufen, wenn man auch fahren kann? Als einziges Kutschunternehmen bietet De Noordsvarderij **Touren in das Naturschutzgebiet Noordsvaarder** 10 an. Abfahrt – bei ausreichender Nachfrage – tägl. um 11 und/oder 13.30 Uhr. Anmeldung telefonisch oder vor Ort.

› **Huifkartochten Noordsvaarderij** <1> Sportlaan 11, www.huifkartochtterschelling.nl, Tel. 646071280

11 Kaapsduin und Seinpaalduin (Aussichtsdünen) ★★★ [S. 144]

Ein Spaziergang auf die beiden Dünen wird mit einem fantastischen Fernblick auf das Dorf, den Grünen Strand 10 und das Meer belohnt.

Die **Kaapsduin** – nicht zu verwechseln mit ihrem Namensvetter im Osten der Insel 30 – ist mit 31,40 Metern die **höchste Erhebung** der Insel. Erklimmt man diese, steht man mit dem Leuchtturm Brandaris 6 sozusagen auf Augenhöhe. Auf der Düne steht das **Seinhuisje,** das die Schiffe früher mittels Funkpeilung mit Positionsangaben versorgte.

Weiter südlich erhebt sich die **Seinpaalduin** auf einem früheren Bunker. *Seinpaal* heißt „Signalmast" – und ein solcher steht auf der Düne. Anhand von Lichtsignalen informiert er die Schiffe und Boote auf dem Wattenmeer über drohenden Wind oder Sturm. Leuchten beide Lampen rot, dann ist Sturm aus Nordwest im Anmarsch. Bei weiß leuchtenden Lampen droht Sturm aus Südwest usw.

› **Wegbeschreibung:** Am besten geht man an der Strandbar De Walvis (s. S. 36) vorbei gen Westen, nach ein paar Hundert Metern führt der Weg über Treppenstufen hoch zur Düne. Die Kaapsduin ist über einen Betonweg am Zwarteweg auch für Besucher im Rollstuhl oder Kinderwagen zugänglich.

Aussicht von der Kaapsduin auf Grünen Strand und Noordsvaarder 10

026te-ug

12 Doodemans-kisten ★★★ [S. 144]

Auch wenn der Name etwas furchteinflößend klingt: Dies ist ein wunderschöner See inmitten des Küstenwaldes.

Der **kleine Dünensee** hat recht wenig mit toten Männern und *kisten* (Särgen) gemein. Woher stammt also der Name? Dafür gibt es mehrere Theorien. Eine **Legende** handelt beispielsweise von einer Prinzessin, die die Leichen Schiffbrüchiger in Särge packen und sie in ihrer Schlossgracht begraben ließ. Andere gehen davon aus, dass es sich um einen Schreibfehler handelt und Doodemanskisten eigentlich **Doremans-Kisten** heißen müsste, benannt nach dem Ingenieur Doremans, der hier einen *kistdam,* einen Kofferdamm, errichten ließ.

Die einleuchtendste Erklärung ist aber die folgende: Um das Jahr 1720 gab es auf der Insel eine Reede (einen Ankerplatz), in der regelmäßig Schiffe in **Quarantäne** lagen. Diese Schiffe brachten Güter aus dem Mittelmeer in die Niederlande. Dabei hatten sie nicht nur Waren an Bord, sondern – unfreiwillig – auch Viren und Bakterien. Aufgrund ansteckender Krankheiten musste sich die Schiffsbesatzung einige Wochen lang in Quarantäne begeben. Die Kranken wurden in Baracken nordwestlich von West-Terschelling untergebracht. Zahlreiche Schiffsleute starben während dieser Quarantänezeit. Wegen der Ansteckungsgefahr durften sie jedoch nicht auf dem öffentlichen Friedhof begraben werden, sondern mussten auf einem abgesonderten Ort ihre letzte Ruhe finden: den Doodemanskisten. Inzwischen ist der Dünensee mit üppiger Vegetation umwachsen und von einem Wald eingerahmt, in dem noch das frühere Försterhäuschen steht. Im Winter dient der zugefrorene See dem Eisklub von West namens „Nordpol" als **Eislauffläche.**

› Zugang über die Straße namens Buiten de Kom oder von der Douwe Totlaan

027te-ug

⌃ *Einzigartige Einblicke gewährt das Bunkermuseum*

13 Bunkermuseum ★★★ [C4]

Man vermutet es kaum: Über die Insel verteilt standen früher einmal 500 Bunker, von denen heute noch 300 übrig sind. Rund 50 Bunker gehörten zur „Tigerstelling" und sind im Bunkermuseum zu bestaunen.

Mit dem **Atlantikwall** hatten sich die Deutschen während des **Zweiten Weltkrieges** ein großes Ziel gesetzt: Von Frankreich über Belgien und die Niederlande bis hinauf nach Norwegen erstreckte sich eine 2685 km lange Verteidigungslinie, gesäumt von zahllosen Bunkern. Auch auf Terschelling sind diese Bunker zu finden. Doch die Insel hatte eine größere Bedeutung: Hier war die **„Tigerstelling“**, ein Bunkerkomplex mit 85 Bunkern. In ihnen waren die Soldaten und die Überwachungsräume der Radarstation „Tiger“ angesiedelt, die während des Weltkriegs die Überwachung des Luftraums übernahmen, der von englischen Bombern durchquert wurde. Die Deutschen versuchten diese mithilfe von Beobachtungsposten und einer riesigen Radarstation zu orten. Der sogenannte **Freya-Radar** hatte eine Reichweite von 150 km, ein weiterer Radar – beim Leuchtturm Brandaris 6 – schaffte 350 km. Rund 200 Flugzeuge holte die „Tigerstelling“ aus der Luft.

Zwar kann man sich die Bunkeranlage auch **auf eigene Faust** ansehen, doch wesentlich spannender ist eine **geführte Tour**, denn nur dann kann man auch einen Blick in die Bunker hineinwerfen. Interessant ist es zu sehen, wie die Soldaten dort gelebt und gearbeitet haben. In den größeren Bunkern wohnten bis zu zwölf Menschen. Da die Bunker wieder mit historischen Gegenständen eingerichtet wurden, vermitteln sie ein realitätsnahes Bild des Soldatenlebens. Die ganze Tigerstellung war ein Dorf für sich, mit Kantine, einem eigenen Krankenhaus und Bunkern zum Wohnen. Rund 200 deutsche Soldaten waren hier stationiert.

Nach dem Krieg verfielen die Bunker, die meisten waren unter Sand begraben. Einen der Bunker sicherte sich die Inseljugend zum Festefeiern. Während einer Führung besucht man auch diesen **Partybunker.**

Im Jahr 2012 begannen Ehrenamtliche mit dem Ausgraben der Bunker. Rund 20 bis 25 Menschen sind regelmäßig damit beschäftigt, den Sand

Die Terschellinger Strandräuber

Auf Niederländisch heißt es „jutten“, auf Englisch „beachcombing“. Auf Terschelling wird die Strandräuberei „gúzjen“ genannt. Die ganze Sache auf Deutsch mit „Strandräuberei“ zu umschreiben, hat zwar einen negativen Beiklang, hört sich aber auch sehr spannend an. Und ein Funken Wahrheit steckt ja auch im „Räubern“ drin, denn eigentlich ist das Aufsammeln von angestrandeten Gütern illegal: Ein während eines Sturms über Bord gegangener Container gehört natürlich nach wie vor einem bestimmten Unternehmen, ist versichert und die daraus entwendeten Gegenstände können zurückgefordert werden.

Und trotzdem tut es fast jeder Insulaner. Wenn ein Sturm über Meer und Strand peitscht, dann muss ein echter Jutter an den Strand: nachsehen, ob etwas angespült wurde und die Beute dann in den Dünen verstecken, um sie nachts heimlich nach Hause zu schleppen. Mit der Gesetzestreue nehmen es die Terschellinger diesbezüglich nicht so genau. Und weil die Insulaner im Winter mit dem Auto auf den Strand fahren dürfen (deswegen haben hier auch so viele einen Geländewagen), kann sowieso niemand nachprüfen, was da gerade im Kofferraum verschwindet.

Jutten fürs Überleben

Das Jutten hat Tradition auf den Watteninseln. In früheren Zeiten, als die Inselbewohner noch arm waren, dienten die angespülten Gegenstände dem Überleben. Das Holz von gestrandeten Schiffen wurde zum Bau der Häuser oder als Brennholz verwendet, Seile und Netze fanden neue Verwendungszwecke, angeschwemmte Schiffsmasten dienten als Stütze fürs Scheunendach, Rumfässer sorgten für vergnügliche Abende. Doch auch ein „Jutter" hält sich an Gesetze, wenngleich an ungeschriebene. Eines davon lautet: Sei schneller als der Gemeindebeamte und lass dich nicht erwischen. Ein zweites besagt: Gehe immer alleine zum „Jutten", denn Strandgut lässt sich nicht teilen. Und ein Drittes: Hinter jedem Fundstück verbirgt sich die Geschichte seiner Herkunft. Wer sich dafür interessiert, wird im aufschlussreichen Wrakkenmuseum 22 fündig.

„Schuhnami" auf Terschelling

Der letzte Großereignis in Sachen Strandräuberei ereignete sich am Wochenende des 18. und 19. Januar 2006, als das Containerschiff „P&O Mondriaan" bei einem Sturm 58 Container verlor, von denen zwölf am Strand von Terschelling angespült wurden. Kilometerlang war der Terschellinger Strand mit Schuhen übersät und die Insulaner hatten ihre liebe Mühe, die passenden Schuhpaare zu finden. Schnell verbreitete sich das Gerücht, nur die linken Schuhe würden – aufgrund der Kombination Schuhkrümmung und Nordseeströmung – auf Terschelling angespült werden. Auch eine Gemeinheit der Fabrikanten wurde vermutet, die – um Diebstahl zu verhindern – die Schuhe vielleicht getrennt verpackt hatten. Wie dem auch sei: Alle Insulaner hatten von diesem Moment an neue Schuhe, einschließlich des Sohns der Autorin.

Modernes Jutten zum Mitmachen

- An jedem Strandpavillon befindet sich ein Behälter mit **grünen Jutebeuteln** zum Mitnehmen. Eine gute „Umwelttat" macht derjenige, der den Beutel mit angespültem Plastik, Glas und anderen Abfällen füllt. Besonders wichtig ist das Aufsammeln von kleinen Plastikteilen, Plastikverschlüssen und Schnüren. Schließlich deponiert man das „Strandgut" im Behälter bei der Strandbar.
- Mit dem **Milieujutter (Umwelt-Strandräuber)** losziehen? Die Anmeldung für eine Tour am Strand erfolgt telefonisch (Tel. 06 30618647) oder über das Onlineformular unter www.demilieujutter.nl.
- **De Jutfabriek** <2> Nieuwe Dijk 13, West-Terschelling, Tel. 0562 700215, www.dejutfabriek-terschelling.nl. Wie der gesammelte Müll noch genutzt werden kann, erfahren Interessierte im Rahmen eines Workshops. Zunächst geht es zusammen mit dem Milieujutter an den Strand, um Plastik zu sammeln. Der Abfall wird von den Mitarbeitern der Jutfabriek abgeholt und zu neuen Produkten verarbeitet.

029te-ug

aus den Räumen heraus zu buddeln und die Bunker der Öffentlichkeit zugänglich zu machen. Der jüngste der **ehrenamtlichen Helfer** ist acht, der älteste 80 Jahre alt. Übrigens gibt es auch einen **Bunkerhund** namens Sleppie. Mit etwas Glück unternimmt man die Besichtigung zusammen mit dem schwarzen, wuscheligen Vierbeiner. 10.000 Menschen kommen jedes Jahr, um sich die Bunker im Rahmen einer **Führung** anzusehen. Diese dauert zwei Stunden, kann über den VVV (s. S. 118) gebucht werden und findet meist (außer montags) um die Mittagszeit herum statt. Sind deutsche Besucher mit von der Partie, dann gibt es auch Informationen in **deutscher Sprache.**

› Tigerpad 5, https://bunkersterschelling.nl, geöffnet: Di–Do 10–16, Fr/Sa 12–16, So 11.30–15.30 Uhr, Eintritt: 7,50 € (ab 6 Jahren), 2-std. Bunkerführung 11 €

Grauer Beton in blühender Landschaft: der Außenbereich des Bunkermuseums 13

14 Bessenschuur ★★ [C3]

Dieses idyllische Kaffee- und Teehaus befindet sich am Radweg zwischen West-Terschelling und dem Badeort West aan Zee. Das ideale Ausflugsziel!

Einen Besuch in der Bessenschuur, zu Deutsch **„Beerenscheune“**, sollte man sich auf keinen Fall entgehen lassen. Denn schließlich kann man hier nicht nur den köstlichen Cranberry-Kuchen plus Cranberry-Tee genießen, sondern auch noch ein paar Cranberry-Produkte mitnehmen. Außerdem erfährt man mehr über die **Cranberry-Tradition Terschellings** (s. rechts). Hinter der „Beerenscheune“ stehen **Infotafeln**, die (auf Niederländisch) über die Geschichte der Cranberrys auf Terschelling und die Arbeit der Beerenpflücker im Laufe der Jahrhunderte aufklären.

Vor Ort lassen sich die Köstlichkeiten dann erwerben: **Cranberry-Saft** und **Cranberry-Sirup**, den man, mit Wasser vermischt, als Limonade trinken kann. Ebenfalls verkauft werden Cranberry-Kompott und -Marme-

028te-ug

Wie die Cranberry nach Terschelling kam

Der Name verrät es bereits: Cranberrys stammen ursprünglich nicht von Terschelling, sondern aus Amerika. Doch wie gelangten sie auf die Wattenmeerinsel?

Nach einer stürmischen Nacht im Jahr 1831 spülten Fässer mit Beeren aus Amerika an den Strand Terschellings. Gefunden wurden sie vom „jutter" (Strandräuber, s. S. 28) **Jan Sipkes Cupido.** Er soll die Fässer in die Dünen geschleppt und geöffnet haben. Groß war die Enttäuschung, als sich statt Rum nur Beeren darin befanden. Enttäuscht ließ er die Fässer liegen. Die Beeren jedoch begannen zu keimen und sich in den Dünentälern zu vermehren. Lange Zeit wussten die Terschellinger nicht, was sie mit den Früchten anfangen sollten. Erst ein Biologiestudent aus Amsterdam, der Ende des 19. Jahrhunderts die Insel besuchte, klärte die Inselbewohner über den Wert der Beeren und ihre gesundheitsfördernde Wirkung auf. Seitdem heißt das Dünental „Studentenplak".

Fortan begann man, die Beeren nach England zu exportieren. Erst viel später erkannte man ihren Wert auch im eigenen Land und die Vertriebsmöglichkeiten auf der Insel.

Mit einem Vitamin-C-Gehalt von 65 bis 90 Gramm pro Kilo sind die Beeren nicht nur vitaminreich, sondern sollen auch bei Blasentzündungen helfen. Durch ihre Säure verhindern sie, dass sich die für Blasenentzündungen häufig verantwortlichen E.-coli-Bakterien im menschlichen Körper ansiedeln. Auch sollen Cranberrys Antioxidantien enthalten, die freie Radikale an sich binden und unschädlich machen können. Dies ist allerdings noch nicht ausreichend wissenschaftlich belegt.

030te-ug

Die Cranberry-Ernte auf Terschelling, bei der Hunderte Menschen helfen, findet im September und Oktober statt. Rund zwanzig einheimische Pflücker – zusammen mit vielen Ehrenamtlichen – ernten die Beeren von Hand. Eine maschinelle Ernte ist in den Dünen nicht möglich. Bei der Ernte werden die Beeren sortiert: Die größeren werden frisch verkauft, die kleineren zu Saft, Kompott, Wein, Sirup, Tee, Püree und Likör weiterverarbeitet. Das Trocknen und Sortieren erfolgt auf der Insel, dann werden die Beeren zum Festland transportiert, wo sie eingefroren werden. Das Pressen und Konzentrieren findet in Deutschland statt, die Verarbeitung zu Saft und Sirup in Harlingen.

Und was ist der Unterschied zwischen Cranberrys und Preiselbeeren? Der besteht vor allem in der Größe und im Geschmack der Früchte. Während die Preiselbeere kleinere Früchte hat, die sehr herb und säuerlich schmecken, können die der Cranberry fast Kirschgröße erreichen und sind deutlich milder. Interessanterweise ist die Cranberry gar nicht mit der Preiselbeere verwandt, sondern mit der Heidelbeere.

Cranberrys, hier als Topping auf Käsekuchen, verfeinern viele Gerichte

lade. Und natürlich werden die Beeren auch zu **alkoholischen Getränken** verarbeitet. So gibt es Terschellinger Cranberry-Wein mit Honig zu kaufen und einen Cranberry-Likör mit einem 20%-igen Alkoholgehalt. Seit 2019 werden ferner Cranberry-Gin und Limoncello produziert. Und wie auf allen Watteninseln wird auch auf Terschelling ein Kräuterbitter gebraut, der natürlich Cranberrys enthält. Wer keinen Alkohol mag, der kann sich für einen Cranberry-Tee entscheiden. Lecker ist auch die Cranberry-Soße, die man sich zu Joghurt, Eis oder auch Fleisch schmecken lassen kann. Des Weiteren gibt es Cranberry-Bonbons sowie Cranberrys in Schokolade gehüllt.

› Badweg West 1, https://terschellingercranberries.nl, geöffnet: Juni–Ende Okt. tägl. 10–17 Uhr, im Winter Fr–So 10–16 Uhr

Strände

West-Terschelling lockt mit einem der schönsten Strände der Insel. Der **Grüne Strand** ⑩ im Westen eignet sich vielleicht nicht zum Schwimmen, aber er ist eine Augenweide und verwandelt sich bei Ebbe in eine riesengroße Ebene, die zu einem Spaziergang trockenen Fußes über den Meeresboden einlädt. Diese Ebene ist aber nur der Beginn des Grünen Strandes, denn er zieht sich weiter von der Küste ins Landesinnere der Insel. In Richtung Norden beginnen die Dünen, die über einen Fuß-Rad-Weg von der Trompstraat aus erreichbar sind (rund 3,5 km). Der Strand dahinter ist menschenleer.

Etwas lebhafter geht es im **Badeort West aan Zee** [D3] zu, der – wie der Name schon sagt – an der Nordsee liegt. Der lange, breite Strand ist ideal für Familien mit Kindern, Hunde sind ganzjährig willkommen. Rettungsschwimmer stehen in der Hochsaison (Juli–1. Sept.) tägl. 10–18 Uhr bereit. Die gastronomische Versorgung übernimmt der **Paviljoen West aan Zee** (s. S. 38). Direkt am Strand mit Meerblick übernachtet man im **Paal 8 Hotel aan Zee** (s. S. 33). Erreichbar ist der Strand per Auto und Fahrrad über den Badweg West von der Hauptstraße aus (rund 6 km) oder von West mit dem Fahrrad über den Longway.

Strandbars wie der Paviljoen West aan Zee (s. S. 38) sorgen für das ultimative Urlaubsgefühl

Infos und Reisetipps

- **VVV Terschelling** (Touristeninformation der Insel): s. S. 118
- **Busverkehr:** Beide Buslinien (Details s. S. 130) halten am Hafen (2), wo die Fähre ankommt, und am Longway. Weitere Bushaltestellen gibt es bei den Hotels Landal, Schylge und Bornholm sowie am Dellewal. Der Bus hält ferner bei den Campingplätzen des Ortes.
- **Fietsverhuur (Fahrradverleih) Zeelen in West** <3> Willem Barentszkade 15, Tel. 0562 448165, https://zeelenfiets.nl, geöffnet: je nach Saison variabel, Details s. Website (unter „Openingstijden", auch auf Deutsch). Für ein E-Bike muss man mit 20 € am Tag rechnen, ein 3-Gang-Rad schlägt mit 8 € zu Buche. Wer eine Woche lang ein Fahrrad mietet, bezahlt nur fünf Tage. Außerdem gibt es einen kostenlosen Gepäcktransport zur Unterkunft und zurück. Die Auswahl an Fahrrädern ist derart vielfältig, dass man sich die Räder online ansehen sollte (unter „Onze fietsen"). Auch Kindersitze und Kinder- sowie Hundeanhänger.
- **Rijwielverhuur (Fahrradverleih) Tijs Knop** <4> Torenstraat 10–12, Tel. 0562 442052, www.tijsknop.nl, geöffnet: tägl. 9–18, So bis 17.30 Uhr. Bei Onlinereservierung kann man sich hier ein E-Bike schon ab 13,50 € ausleihen, das 3-Gänge-Rad kostet dann nur 5,40 €. Alle Modelle sind auf der Website zu sehen (unter „Assortiment"). Inklusive kostenlosem Gepäck-Bring- und -Abholdienst.
- **Klimbos Klimdaris (Kletterwald)** <5> Sportlaan 13, Tel. 06 37244762, www.klimdaris.nl, Eintritt: Kinder 4–7 Jahre 10 €, Ältere/Erw. 24,50 € für 2 Std. Kletterwald mit vier verschiedenen Parcours, auf denen man zwei Stunden lang klettern darf. Es gibt auch einen Junior-Parcours in einer Höhe von 1 m für Kinder ab 4 Jahren, die von ihren Eltern vom Boden aus begleitet werden. Für den Hochseilgarten müssen Kletterer mindestens 1,30 m groß sein, Kinder bis 12 Jahre brauchen einen Erwachsenen als Begleitung. Tel. Anmeldung empfehlenswert.

Unterkünfte

Hotels

- **Hotel Bornholm** €€€ <6> Hoofdweg 6, Tel. 0562 442266, www.hotelbornholm.nl/de. **Vom Budgetzimmer bis zur Luxussuite:** Hotel mit Wellnessbereich, das etwas außerhalb von West gelegen ist. Zur Wahl stehen 63 Zimmer, die eine große Bandbreite abdecken. Das Hotel bietet (für 10 € Eintritt) einen Wellnessbereich mit mehreren Saunen, türkischem Dampfbad, Entspannungsraum und Solarium. Die Zimmer sind mit Boxspringbetten und Fernseher und in den Superieur-Zimmern auch mit Mikrowelle ausgestattet. Angeschlossen ist ferner ein Restaurant.
- **Paal 8 Hotel aan Zee** €€€€ <7> Badweg West 4, Tel. 0562 449090, www.hotel-paal8.nl. **Apartmenthotel direkt am Nordseestrand:** Das Hotel punktet vor allem durch seine Lage in den Dünen und am Nordseestrand von West aan Zee. Einige der Zimmer haben große, mit Korbmöbeln eingerichtete Balkone mit Meerblick, das Wasser kann man sogar vom Bett aus sehen. Attraktiv sind die renovierten, stilvoll eingerichteten Suiten, die aus Wohnbereich und Schlafzimmer bestehen, die durch Schiebetüren getrennt sind. Sie haben eine schöne Sitzecke, wo man gemütlich Kaffee trinken kann. Das geräumige Badezimmer verfügt über Dusche und Badewanne, es gibt eine separate Toilette. Zum Hotel gehört zudem das gute Restaurant Casa Silva mit zwei sonnigen Terrassen, in dem morgens das Frühstück und abends warme Gerichte serviert werden. Das 3-Gänge-Chef-Menü zeichnet sich durch

ein hohes kulinarisches Niveau und passende Weine aus.

- **WestCord Hotel Schylge** €€€€ <8> Burgemeester van Heusdenweg 37, Tel. 0562 442111, https://westcordhotels.nl/hotel/hotel-schylge. **Einladendes Haus am Jachthafen auf einer Düne:** Das Schylge zählt zu den größeren und besseren Inselhotels. Dank der Lage ist es gut von der Fähre aus erreichbar (Bushaltestelle direkt vor dem Hotel, Fußweg vom Fährhafen ca. 15 Min.). Einige der 88 modern gestalteten Zimmer, die nach Vögeln und Schmetterlingen benannt sind, bieten einen Blick auf das Wattenmeer und den Jachthafen. Die Zimmer sind renoviert, äußerst sauber und geschmackvoll mit Möbeln in Sandtönen eingerichtet. Alle Zimmer, darunter auch zehn Familienzimmer, verfügen über Balkon oder Terrasse. Zum Hotel gehören ein Hallenbad, eine Sauna, ein Kosmetiksalon, eine Bar und das ausgezeichnete Restaurant Op West (s. S. 38). Tipp: Im Sommer das Abendessen auf der Terrasse mit Hafenblick genießen.

Apartments

- **Landal West Terschelling** €€€€ <9> Europalaan 35, Tel. 0562 446700, www.landal.de/parks/West-Terschelling. **Ferienwohnungen in waldreicher Umgebung:** Ein ansprechendes Gebäude am Ortsrand von West in der Nähe des Waldes und der Dünen beherbergt zahlreiche Apartments mit schönen, großen Balkonen. Es gibt Ferienwohnungen für 2, 4 und 6 Personen, ausgestattet mit Wohnzimmer, Schlafzimmer, Küchenzeile, Wasch- und Trocknermaschine und Badezimmer. Einige der Apartments verfügen sogar über eine eigene Sauna.

› **WestCord ApartHotel Boschrijck** €€€€ <10> Sportlaan 5, Tel. 0562 443311, https://westcordhotels.de/hotel/aparthotel-boschrijck. **Großzügige Apartments mit Balkonen und Waldblick:** Am Morgen wird man von Vogelgezwitscher geweckt. Es ist ein Genuss, sich nach einem langen Strandtag auf der riesigen Terrasse mit einem Glas Wein in die Sonne zu setzen. Wer keine Lust hat, selber zu kochen, kann sich im hoteleigenen Restaurant verwöhnen lassen. Ideal für Familien mit Kindern: Es gibt Pizza! Auf junge Gäste warten zudem ein kleiner Spielplatz mit Trampolin, ein Spielzimmer und das benachbarte Hallenbad (s. S. 73, mit Zugang vom Hotel aus), im Sommer gibt es ein Kinderprogramm. Hinter dem Hotel locken ein Kletterwald (s. S. 33) und ein Anbieter für Kutschfahrten (s. S. 26). Radfahrern stehen ein Radverleih und ein überdachter Abstellplatz zur Verfügung. Die Apartments sind enorm groß: Das mittlere

032te-ug

umfasst 70 m², das große 80 m², das XL-Apartment 90 m² (für 4 Pers.) und die XXL-Variante bietet mit 100 m² 6 Personen Platz. Das Dorf West liegt in fußläufiger Entfernung, ebenso die Doodemanskisten und das Dünengebiet.

Campingplätze

Die **drei Campingplätze** von West-Terschelling liegen alle direkt an der Hauptstraße. Empfehlenswert ist:

› **Camping Cnossen** € <11> Hoofdweg 8, Tel. 0562 442321, www.camping cnossen.nl, ganzjährig geöffnet. **Großer Campingplatz mit Stellplätzen, Mietzelten und Ferienhäusern:** zwischen den beiden größten Dörfern der Insel, West (1,5 km) und Midsland (3,5 km), direkt an der Hauptstraße gelegen. Für Zelt, Wohnwagen oder Wohnmobil, alle Stellplätze sind mit einem Anschluss für Strom (10 Ampere), Kabelfernsehen, Abwasser und Wasser sowie mit WLAN-Empfang ausgestattet. Zur Wahl stehen auch Mobilheime, Safarizelte und Ferienwohnungen.

Jugendherberge

■ **Stayokay Terschelling** € <12> 't Land 2, Tel. 0562 442338, www.stayokay.com/de/hostel/terschelling. **Günstige Bleibe mit Sicht aufs Wattenmeer:** Die Herberge befindet sich am Ortsrand von West, einladend auf einer Düne gelegen. Die Zimmer sind modern eingerichtet und bieten 2–10 Personen Platz. Fantastisch ist die Sonnenterrasse mit Aussicht auf den Jachthafen. Zum Hostel gehören ein Restaurant (Frühstück inbegriffen; Abendessen kann zugebucht werden), ein Fahrradverleih und eine Ladestation für E-Bikes. WLAN gratis.

033te-ug

Essen und Trinken

Die meisten Restaurants des Ortes verteilen sich auf zwei Straßen: **Torenstraat**, die vom Fährhafen zum Leuchtturm führt, und **Boomstraat**, die vom Leuchtturm in nordöstlicher Richtung zum Arbeitshafen verläuft. Dort reihen sich Restaurants, Bistros und Cafés aneinander und man kann sich je nach Appetit und persönlichem Geschmack das Passende heraussuchen. Am Strand locken zwei charmante Lokale: De Walvis und der Paviljoen West aan Zee.

■ **Brasserie Brandaris** €€ <13> Boomstraat 3, Tel. 0562 442554, www.brasserie-brandaris.nl, geöffnet: Mo–Sa 10.30–20, So 16–20 Uhr. So gehört sich das auf einer Insel: Die Atmosphäre ist urig, die Dekoration besteht aus Schiffszubehör wie Rettungsringen, Netzen, Steuer sowie Haken und auf dem Tisch landet handfeste Kost wie Steaks und Spareribs. Seit 50 Jahren ist die Brasserie Brandaris eine beliebte Anlaufstelle für alle, die Fleischgerichte schätzen.

■ **Caracol** €€€€ <14> Molenstraat 7, Tel. 0562 443694, www.caracol.nl, geöffnet: Fr–So ab 18 Uhr. Für einen besonderen Abend ist das Caracol zu emp-

◁ WestCord Boschrijck: Apartments mit viel Platz für Kind und Kegel

△ Typisches Inselessen: Sliptongetjes, kleine Seezungen

034te-ug

fehlen (Erwähnungen im Michelin-Führer und im Gault & Millau). Hier werden hauptsächlich Produkte aus dem (Watten-)Meer, aus dem eigenen Garten und von der Insel serviert, z. B. von Terschellinger Rindern. Garniert wird der Hochgenuss mit essbaren Blüten. Wer sich nach dem guten Essen und den feinen Weinen nicht mehr aufs Fahrrad schwingen möchte, kann in einem der drei Gästezimmer im Haus nächtigen – in herrlich bequemen Betten!

- **De Walvis** €€€ <15> Groene Strand, www.walvis.org, geöffnet: tägl. außer Mi 10–22 Uhr. Zugegeben, es ist nicht leicht, bei schönem Wetter einen Tisch zu ergattern. Schließlich gehört De Walvis zu den Restaurants mit der schönsten Aussicht, am Abend erlebt man hier den Sonnenuntergang. Möchte man sich eines Platzes sicher sein, kann man über die Website reservieren (nicht telefonisch!). Drinnen wartet die Einrichtung einer typischen Strandkneipe: große Theke, helle Holzverkleidung, dunkle Tische. Auf der Terrasse kann man – teils windgeschützt – die Sonne und die Sicht auf den Grünen Strand genießen. Zu essen gibt es Carpaccio, Caprese, Lachskroketten, Calamares, Seebarsch, Pasta und schmackhafte Fischsuppe. Bitte beachten: Auch die Terrasse ist eine rauchfreie Zone.
- **De Zee** €€€ <16> Boomstraat 33, Tel. 0562 442539, www.restaurantdezee.nl, geöffnet: Fr–So 17–20 Uhr. Zentral gelegenes Restaurant, das nur am Abend öffnet. Hier genießt man Pizza aus dem Holzofen, Fisch- oder Fleischgerichte, davor Antipasti und Bruschetta. Es werden möglichst biologische und regionale Zutaten verwendet. Das Ambiente ist sehr schön, modern und mediterran.
- **Flaman** €€€ <17> Boomstraat 1, Tel. 0562 851122, https://flaman-terschelling.nl, geöffnet: tägl. 10.30–22 Uhr. Bekannt ist das Restaurant vor allem für seine große Meeresfrüchte-Platte und weitere

Im Dorfkern von West 1 *reiht sich ein Restaurant ans nächste*

Delikatessen aus dem Meer wie Austern, Hummer und Muscheln. Für die Kinder gibt es leckere *poffertjes* (Mini-Pfannkuchen). Weiterer Vorteil: die große, beheizte Terrasse, auf der man auch bei schlechtem Wetter im Freien sitzen kann.

- **Grand Cafe Zeezicht** €€€ <18> Willem Barentszkade 20, Tel. 0562 442952, www.zeezicht-terschelling.nl, geöffnet: tägl. 10–22 Uhr. Der Name sagt es: Meerblick! Zumindest wenn man Glück hat und auf der Terrasse einen Platz erwischt. Dort kann man sich Kuchen, Poké Bowls, Hamburger, Ravioli und Käsefondue schmecken lassen.
- **Grandcafé Het Raadhuis** €€€ <19> Torenstraat 15, Tel. 0562 850520, www.hetraadhuis-terschelling.nl, geöffnet: Mi.–Mo. 10–22 Uhr. Zwischen Hafen und Brandaris befindet sich dieses schöne Restaurant, das sich im ehemaligen Rathaus mit dem kleinen Glockenturm angesiedelt hat. Der große Innenraum ist mit viel Eichenholz, barocken Goldspiegeln und Messinglampen eingerichtet, im Winter lockt der Kamin. Im Sommer sitzt man draußen auf der Terrasse und lässt sich Salat, gegrillten Seebarsch oder vegetarische Speisen wie Pasta mit Pilzen schmecken.
- **Koffiehuis 't Wakend Oog** €€ <20> Torenstraat 2, Tel. 0562 442371, geöffnet: tägl. 9–18 Uhr. Nicht unbedingt ein kulinarisches Highlight, aber prima für Lunch oder Kaffee – vor allem wenn man gerade mit der Fähre ankommt und schnell etwas essen möchte. Das Lokal befindet sich direkt am Fährhafen und am Eingang zur Torenstraat. Aufgrund dieser prominenten Lage diente der historische Bau früher als Wächterhäuschen (daher der Name „Wachendes Auge"), in dem die Seefahrer bei Sturm ihre Schiffe im Hafen im Auge behalten konnten. Vermutlich sollte das Backsteinhaus aus dem Jahr 1882 als Freimaurertempel dienen, denn an der Mauer sind die Symbole des Geheimbundes (Winkel und Zirkel) zu finden.

› **Lokaal** € (s. S. 39). Geschäft mit angeschlossenem Café und eines der Lokale, in die man schon am nächsten Tag wieder zurückkommt: weil der Kaffee so gut schmeckte, weil die Bedienung so nett war, weil der hausgemachte Kuchen im Munde zerging.

Gemütliches Ambiente im Grand Cafe Zeezicht

035te-ug

- **Loods** €€€ <21> Willem Barentszkade 39, Tel. 0562 700200, www.loods-terschelling.nl, geöffnet: Fr–Mi 11–22 Uhr. Pluspunkte dieses Restaurants sind die sonnige Terrasse mit Sicht auf den Hafen, der im Winter wärmespendende Kamin und die zentrale Lage an der Hauptstraße der Insel (hier kommt fast jeder Radfahrer vorbei). Zum Mittagessen gibt es Sandwiches, Salate und Burger, zum Abendessen Muscheln, Fischfilets und Steaks. Wagemutige können einen Sprinkhaanburger (Heuschrecken-Burger) bestellen.
- **Paviljoen West aan Zee** €€ <22> Badweg West 7, http://westaanzee.nl, Tel. 0562 448383, geöffnet: tägl. 10–21 Uhr. Schöner Holzpavillon am breiten, weißen Strand von West-Terschelling mit einem reichhaltigen Angebot: frischgepresster Orangensaft, Inselbier, köstliche Kuchen und Brownies, Burger und Salate, hausgeräucherter Lachs und Makrele. Am Abend gibt es je fünf verschiedene Fisch-, Fleisch- und vegetarische Gerichte.
- **Restaurant Nap** €€€ <23> Torenstraat 55, Tel. 0562 443210, www.hotelnap.nl, geöffnet: tägl. 9–22 Uhr. Lage, Lage, Lage! Direkt am Fuß des mächtigen Brandaris-Leuchtturms, an einem kleinen Platz, logiert das Hotel-Restaurant Nap mit schöner Terrasse und Leuchtturm-Blick. Die Küche ist gehoben und zaubert Köstlichkeiten wie geräucherten Aal, Ziegenkäse-Mousse, Heilbutt mit Risotto oder Zitronenkuchen auf den Tisch. Die zugehörigen Hotelzimmer sind einfach eingerichtet, verfügen aber über moderne Bäder.
- **Restaurant Op West im WestCord Hotel Schylge** €€€€ (s. S. 34). Am schönsten ist es im Sommer, wenn die Terrasse mit Blick auf den Jachthafen geöffnet ist. Weil man etwas erhöht auf einer Düne sitzt, ist die Aussicht besonders imposant. Ideal für einen Drink in der Sonne oder ein exquisites Abendessen mit französischen Einflüssen.
- **Storm** €€€ <24> Torenstraat 27, www.storm-terschelling.nl, geöffnet: tägl. 11.30–23 Uhr. Im Hinterhof wird das auf der Insel beliebte Brandaan-Bier (s. S. 92) gebraut und im Lokal ausgeschenkt. Dazu schmecken Steak, Lachs und gebratener Ziegenkäse.

Einkaufen

Das größte und abwechslungsreichste Shoppingangebot der Insel finden Besucher **rund um den Leuchtturm Brandaris** 6, der mitten im Ort steht. Vor allem in der **Torenstraat**, die vom Hafen zum Turm *(toren)* führt, reiht sich ein Geschäft an das nächste. Man kann sich hier neu einkleiden, mit Drogerieartikeln versorgen, ein Souvenir für die Daheimgebliebenen finden, lokale Produkte ergattern oder die Kinder mit Strandspielzeug beglücken. Neben Geschäften für den alltäglichen Bedarf fallen einige ungewöhnliche Shoppingkonzepte ins Auge wie De Conserverie, das Produkte in Dosen verkauft.

Inselprodukte und Souvenirs

- **De Conserverie** <25> Torenstraat 17, http://deconserverie.nl, geöffnet: Mo–Fr 10–17.30, Sa 10–17 Uhr. Weil er mit Schule und Universität nicht viel am Hut hatte, beschloss der damals neunzehnjährige Jord Kerbert, sich selbstständig zu machen. Von Familienausflügen nach Belgien kannte er das Konzept des „Dosengeschäfts“, wo man Sardinen und Oliven kaufen konnte. Das wollte er auch auf Terschelling, wo seine Großeltern wohnten, auf die Beine stellen. Wenige Jahre später ist er ein erfolgreicher Unternehmer, der demnächst eine zweite Niederlassung auf dem Festland eröffnen wird. Sein Angebot umfasst

036te-ug

alles, was es in Dosen gibt: preisgekröntes Olivenöl, Sardinen und anderen Fisch aus der Konserve, Fudge (Weichkaramell) in schönen, bunten Dosen, Oliven und vieles mehr. Mit leeren Händen den Laden verlassen? Unmöglich!

■ **De Jutter** <26> Boomstraat 14, https://typisch-terschelling.shop, Mo–Do, Sa 9.30–17 Uhr. In dem mit Souvenirs, Inselprodukten und auch viel Kitsch vollgestopften Laden droht die Reizüberflutung. Hier stehen Holzschiffe neben Bierflaschen, Marmeladengläser neben Muscheldeko, Metall-Leuchttürme neben Armbändern. Wer ein klassisches Souvenir sucht, dürfte hier fündig werden.

■ **Lokaal** <27> Torenstraat 3, www.lokaal-terschelling.nl, geöffnet: Mi–Mo 10–18 Uhr. Das Konzept überzeugt: Verkauf lokaler Produkte wie Cranberry-Kompott, Käse, Inselbier und -honig etc. in Kombination mit einem Café, in dem man selbst gebackenen Kuchen genießen kann (s. S. 37). So schlägt man zwei Fliegen mit einer Klappe.

■ **Slijterij Lutine** <28> Boomstraat 19, Mo–Fr 9–18, Sa 9–17 Uhr. In den Niederlanden kauft man Bier und Wein im Supermarkt, die „harten Sachen" gibt es hingegen in einer Slijterij, einem Spirituosenladen. Die Lutine führt neben den üblichen Schnäpsen und Spirituosen auch einige Inselprodukte wie Whisky, der zwar in Schottland gebrannt, aber auf der Insel verfeinert wird.

Für den täglichen Bedarf

■ **Bakkerij Scheerman** <29> Boomstraat 29, geöffnet: Mo–Sa 8.30–17 Uhr. Die Bäckerei ist bekannt für ihre Terschellinger Spezialitäten wie Potjekoek und Cranberry-Muffins sowie hausgemachtes Eis, das mit dem Gütesiegel Wadden-Goud ausgezeichnet wurde.

■ **DA Drogisterij & Parfumerie Marlies Mast** <30> Burgemeester Reedekerstraat 10, geöffnet: Mo–Fr 9–18, Sa 9–17 Uhr. Hier bekommt man Drogerieartikel vom Parfum über Tagescreme bis zum Sonnenschutz. Gut zu wissen: In einer niederländischen Drogerie bekommt

⌃ Der Konserven-König Jord in seinem Geschäft De Conserverie

037te-ug

man auch rezeptfreie Medikamente wie Schmerztabletten und Medizin für Magen-Darm-Beschwerden.

- **De Bionier** <31> Burgemeester Reedekerstraat 8, www.debionier.nl, geöffnet: Mo–Fr 8.30–18, Sa 8.30–17 Uhr. Die Eigentümerin Sanna Copini eröffnete diesen großen Bioladen 2017 mit dem Gedanken, gesundes und abwechslungsreiches Essen sowie Insel-Köstlichkeiten anzubieten. Toller Service: Das Bionier-Team liefert auf Wunsch gegen einen Aufpreis von 4,50 € Zutaten für ein erstes Abendessen und Frühstück an die Urlaubsadresse. So kann man sich das Einkaufen am ersten Tag sparen. Zu bestellen über die Website.
- **Hema** <32> Torenstraat 43–45, geöffnet: Mo–Fr 9–18, Sa 9–17 Uhr. Der Lieblingsladen der Holländer hat auch auf Terschelling eine Niederlassung. Von Kosmetikartikeln und Haushaltswaren über Kleidung für Erwachsene, Kinder und Babys bis zu Schreibwaren – alles da! Eigenmarken zu einem günstigen Preis und in modernem Design.
- **Spar Supermarkt (1)** <33> Boomstraat 9–13, geöffnet: Mo–Fr 8–20, Sa 8–18, So 9–17 Uhr
- **Vishandel Van Dijk** <34> am Fährhafen, geöffnet: Mitte März–Mitte Nov. tägl. ab 10 Uhr, auf Facebook. Rollmops, sauren Hering und den bei Niederländern sehr beliebten *kibbeling* (frittierte Fischstücke) gibt's am Fischstand von Van Dijk.

Kleidung und Wohnaccessoires

- **Fraai** <35> Torenstraat 36, www.fraaiterschelling.nl, geöffnet: Mo–Fr 10–18, Sa 10–17, So 11–16 Uhr. Bekleidungs- und Geschenkeladen mit skandinavischen und lokalen Marken, darunter auch nachhaltige Mode für Damen, Herren und Kinder. Es gibt zudem hübsche Insel-Souvenirs.

Nachtleben

- **Café 't Zwaantje** <36> Havenstraat 1, http://cafehetzwaantjeterschelling.nl, geöffnet: tägl. 15.30–2 Uhr. Vom Begriff Café sollte man sich nicht irreführen lassen. Ein Café ist in den Niederlanden in der Regel eine Kneipe und ein *bruin café* ist ein besonderes uriges Exemplar mit Holzverkleidung, dunklem Ambiente, langer Theke, Stehtischen und Kerzen. Und genau das findet man im Zwaantje, bevorzugt zu später Stunde.
- **Oka 18** <37> Molenstraat 17, www.oka18.nl, geöffnet: tägl. 14–0 Uhr. Die gemütliche Kneipe ist bereits nachmittags geöffnet, am Abend wird Musik aufgelegt und getanzt. Ab und zu gibt's DJ-Auftritte, außerdem Liveübertragungen wichtiger Fußballspiele. Mit Terrasse.
- **West-End Theater** <38> Raadhuisstraat 2, https://west-end-theater.business.site, geöffnet: tägl. 7–0 Uhr. Das West-End Theater ist ein gemütliches Kino im Art-déco-Stil mit Platz für 47 Besucher.

Terschelling zum Trinken: inseleigener Gin der Marke Schylge

Hee

Hee [D4], eingebettet zwischen West-Terschelling 1 und Midsland 16, ist ein **Minidorf**, dessen Hauptattraktion die **Arjensduin** 15 ist. Rund um den **Dünensee** namens **Duinmeertje van Hee** [D4], der durch das Abgraben von Sand für den Deichbau entstand und der heute als **Badesee** genutzt wird, haben sich ein paar Campingplätze und Ferienparks angesiedelt.

KURZ & KNAPP

Der alte Aal

Kurz nach Entstehung des Dünensees **Duinmeertje van Hee** [D4] setzte man dort Aale aus. Im Jahr 1998 fischte man einen Aal aus dem Wasser, der fast 1 m lang und zwischen 40 und 45 Jahre alt war. Zur Freude der Museumsbesucher fand er im **Centrum voor Natuur en Landschap** 8 in West-Terschelling einen neuen Schwimmplatz.

15 Arjensduin ★★★ [D3]

Eines der schönsten Fotomotive der Insel: die einsame Kiefer auf der Arjensduin

Hinter dem Dünensee Duinmeertje van Hee nördlich von Hee erhebt sich eine Düne, die Arjensduin. Hinauf führt eine **Treppe**, die vom Staatsbosbeheer angelegt wurde, der staatlichen Forstverwaltung. Oben gibt es einen kleinen **Aussichtspunkt** mit einer Bank neben der schönen **Kiefer**, die hier ganz allein in der Gegend steht. Von hier oben bietet sich ein fantastischer Ausblick auf die Dünen, das Örtchen Hee und den Dünensee.

So friedlich, wie die Szenerie aussieht, war es jedoch nicht immer. Die Düne liebte es nämlich zu wandern und begrub im 19. Jahrhundert so manches Bauernhaus unter sich. Um ihr Einhalt zu gebieten, wurde **Helmgras** zur Befestigung angepflanzt.

Übrigens ist es genau diese Düne mit der einsamen Kiefer, die bei vielen Inselbesuchern als **typisches Terschelling-Bild** im Kopf haften bleibt.

› in der Nähe des Heester Kooiweg

Unterkünfte

› **Camping Cupido** € <39> Duinweg Hee 1, Tel. 0562 442219, www.campingcupido.nl, geöffnet: April–Anf. Nov. **Reizvoller, zentral gelegener Campingplatz:** Im nahen Dünensee kann man baden. Strom und WLAN (für ein Gerät) auf allen Plätzen. Sauberes Sanitärgebäude, Fahrradverleih, Spielplatz, auch Mobilheime und Safarizelte. In der Hochsaison Restaurant und eigener Shop mit frischen Brötchen. Warme Duschen gegen Bezahlung, Hunde erlaubt.

☐ *Einer der romantischsten Orte des Eilands: die Arjensduin*

003te-ug

- **Camping de Kooi** € <40> Heester Kooiweg 20, Tel. 0562 442743, www.campingdekooi.nl, geöffnet: Mitte April–Mitte Sept. **Campingurlaub am Dünensee:** Der Platz erstreckt sich zwischen den Dörfern Midsland und West am Fuße der Arjensduin. Die Felder auf der Ostseite bieten einen Blick über den Polder und die Dörfer. Gute sanitäre Einrichtungen und Stromanschlüsse (max. 10 Ampere). Bademöglichkeit im Dünensee.
- **Vakantiepark De Riesen** €€€ <41> Duinweg Hee 7, Tel. 0562 442948, www.terschelling-recreatie.nl (unter „“Onze parken“). **Übernachtung im Bungalowpark:** 52 Ferienhäuser, darunter Chalets und finnische Bungalows. Letztere sind mit ihren naturbelassenen Holzwänden im Inneren und dem weißen Außenanstrich sehr hübsch. Teilweise sind sie mit Kamin und Sauna ausgestattet. Die Lage am Dünensee ist prima; deshalb auch für Kinder zum Baden und Bootfahren gut geeignet. Kostenloses WLAN, Haustiere erlaubt.

Einkaufen

- **Spar Supermarkt,** auf dem Gelände des Campingplatzes Cupido (s. S. 41), geöffnet: in der Saison Mo–Sa 8.30–18, So 9–13 Uhr, sonst geschlossen

16 Midsland  [D3]

Das zweitgrößte Dorf der Insel mit rund 1000 Einwohnern hat einen bezaubernden historischen Ortskern mit einer hübschen Hauptstraße voller netter Geschäfte, einladender Cafés und charmanter Restaurants.

Midsland lag früher, bevor die Sandbank Boschplaat 32 angespült wurde, genau in der Inselmitte. Das Dorf mit der großen **Kirche** 17 und den schmucken **historischen Häusern,** die teilweise noch aus dem 17. Jahrhundert stammen, ist ideal für ein Mittagessen in der Sonne, einen Kaffee nach dem Dorfbummel oder ein Abendessen in geselliger Atmosphäre. Die wichtigste Straße des Dorfes heißt **Oosterburen:** Sie ist der Hauptanziehungspunkt für alle Hungrigen, Kaffeeliebhaber und Genussfreudigen und mit dem Fahrrad befahrbar. Auch kann man sich hier bis spät in die Nacht in den **Dorfkneipen** amüsieren. Midsland ist aber nicht nur eine gute Adresse zum Ausgehen, sondern auch zum Einkaufen. Der große Supermarkt Coop (s. S. 48) versorgt Inselgäste mit Lebensmitteln, es gibt Bäckereien und sogar einen Laden mit Bioprodukten.

039te-ug

Früher stand in Midsland die große **St. Maartens Kerk**, die 1569 während des Achtzigjährigen Krieges von Aufständischen zerstört wurde. Die Kirche wurde nie wieder aufgebaut. Übrig geblieben ist nur der **Strieper Friedhof** ⑱ mit ein paar alten, windschiefen Grabsteinen.

Zu Midsland gehört der **Küstenort Midsland aan Zee** [D–E3] rund drei Kilometer nördlich des Hauptortes.

◁ Die Hauptstraße von Midsland namens Oosterburen bildet das Zentrum des kleinen Ortes

⑰ Hervormde Kerk ★★ [S. 43]

Die **Reformierte Kirche,** auch bekannt als **Meslâner Kerk,** stammt aus dem Jahr 1881. „Meslâner" heißt „Midsländer" im örtlichen Dialekt. Erbaut wurde das Gotteshaus von Maarten Daalder, der auch das kleine Wachhaus 't Wakend Oog (heute ein Lokal, s. S. 37) am Hafen ❷ West-Terschellings errichtete.

Die einschiffige Kirche ist aus **rotem Backstein** in kreuzförmigem Grundriss erbaut und mit ihrem weißen Dachturm und den weißen Fenstern ein sehr schöner Anblick. Das Gotteshaus wurde an jener Stelle errichtet, an der schon zuvor eine aus

dem 17. Jahrhundert stammende Kirche stand, die abgerissen werden musste. Die Orgel geht auf das Jahr 1896 zurück. Umgeben ist die Kirche vom Dorffriedhof.

› Westerburen 2, geöffnet: Mi 11–12 Uhr

18 Strieper Kerkhof (Friedhof) ★ [S. 43]

Früher gab es auf Terschelling fünf Friedhöfe, einer davon lag in **Striep** (weitere Schreibweisen: Stryp oder Seerijp). Das war früher einmal der **älteste und bedeutendste Ort der Insel** mit einer großen Kirche. Die erste Holzkirche von Striep wurde wahrscheinlich um das Jahr 850 erbaut und ein Jahrhundert später durch einen Neubau aus Tuffstein ersetzt. Ende des 14./Anfang des 15. Jahrhunderts fand eine letzte Erweiterung statt – und bald schon drohte das Ende. Der Pfarrer nahm es nämlich mit dem Gottesglauben nicht allzu ernst und wurde im Juni 1568 seines Amtes enthoben und von der Insel verbannt. Er schwor Rache. Zusammen mit den **Wassergeusen** (s. S. 106) fiel er auf Terschelling ein, plünderte die Kirche und setzte sie in Brand, was auch das Ende des Dorfes einläutete.

Die **Umrisse** der alten Kirche wurden rekonstruiert und es gibt einige vereinzelte, windschiefe **Grabsteine.** Bei einer Bestandsaufnahme im Jahr 1875 wurden auf dem Friedhof 724 Gräber ausgemacht. Der letzte Terschellinger, der in Striep begraben wurde, war **Jan Gerrits Swart** (1824–1902). Offiziell wurde der Friedhof erst in den 1930er-Jahren geschlossen.

› **Wegbeschreibung:** Von Westen kommend, liegt der Friedhof kurz vor dem Ortseingang von Midsland an der Südseite der Hauptstraße.

19 Bijenpark Terschelling (Bienenpark) ★★ [S. 43]

Da isst man jeden Tag Honig, aber wie der süße Saft aus dem Honigmagen der Biene ins Glas kommt, das ist einem dann doch nicht so ganz klar. Die Sache mit den Blüten, Bienen und Bienenstöcken erklärt einem der Bienenexperte Klaas im Bijenpark.

Seit 20 Jahren ist **Klaas Sluiman** Imker auf der Insel – und inzwischen eine echte Koryphäe auf seinem Gebiet. Er hat bereits 1000 Imker ausgebildet, diverse Bücher veröffentlicht und für seinen Honig so manchen internationalen Preis eingeheimst. Im Imkerhaus packt er die Sache professionell an: vom Schleudern des Honigs bis zur Analyse der Pollen. Sein Wissen teilt er gern. Klaas gibt Kurse und Führungen. Touristen und einheimische Schulkinder schauen

Die Midsländer Kirche 17 mit ihrem weißen Turm

gerne bei ihm und seinen 1 Mio. Bienen vorbei. Im Frühling stehen die Bienenkästen vor der Imkerscheune, im Sommer bringt er sie hinaus auf die Boschplaat 32, wo die Bienen **Strandfliederhonig** produzieren. Eine seltene Delikatesse, die besonders rein und biologisch ist, denn in diesem riesigen Naturschutzgebiet gibt es keinerlei gespritzte Pflanzen.

Terschelling-Besucher können im Sommer fast täglich an **Führungen** teilnehmen. Dabei wird der Beruf des Imkers erklärt und gezeigt, wie Honig geschleudert wird. Die Teilnehmer dürfen den Honig natürlich auch probieren. Ein tolles Erlebnis, denn Klaas berichtet mit viel Begeisterung von seinem Beruf und seinen Bienen. Weiterhin kann man in einem dreitä-

Het Stryper Wyfke – eine Kriegslegende

Zwischen 1652 und 1784 fochten Engländer und Niederländer vier Kriege gegeneinander aus. Sowohl Niederländer als auch Briten waren echte See- und Handelsleute, die um die Vormachtstellung in den Überseegebieten kämpften, mit denen sie eifrig Handel trieben. Weil beide Länder eine starke Flotte hatten, wurde der Krieg auf dem Meer ausgetragen.

Während des Zweiten Englisch-Niederländischen Krieges wurde auch Terschelling in die Auseinandersetzungen hineingezogen. Am 19. August 1666 wurde eine große Handelsflotte, die im Hafen von Terschelling ankerte und dort auf Wind wartete, Opfer eines Angriffs. In kürzester Zeit standen 140 der insgesamt 170 Schiffe in Brand. Nach dieser Verwüstung wollte die englische Flotte nach Vlieland übersetzen, um dort weiter zu brandschatzen. Doch der Wind stand ungünstig und man knöpfte sich stattdessen den Ort West-Terschelling 1 vor. Das Ereignis ging als „Engelse Furie" in die Inselgeschichte ein. Mit sogenannten Feuerbällen wurden die Bauten dort in Brand gesteckt. Von den rund 300 Häusern überstand weniger als ein Zehntel die Feuersbrunst. Der Leuchtturm Brandaris 6 und die Westerkerk 4 blieben erhalten. Die Insulaner konnten sich glücklicherweise rechtzeitig aus dem Staub machen, denn sie waren aufgrund der zerstörten Flotte vom Vortag besonders wachsam. Ein Jahr später, im Herbst 1667, endete der Krieg mit dem Frieden von Breda.

Auch die Legende vom Stryper Wyfke („Stryper Weibchen") hängt mit der Zerstörung zusammen. Laut dieser soll eine Kompanie englischer Soldaten in Richtung Westen gezogen sein, um weitere Dörfer zu zerstören. Auf der Höhe des Örtchens Baaiduinen, das damals noch nicht bestand, sahen die Soldaten in der Ferne etwas schimmern, das an eine große Gruppe Menschen erinnerte. Sie vermuteten, die Terschellinger hätten Verstärkung vom Festland bekommen. Am Wegesrand sahen sie eine alte Frau und fragten sie, was das in der Ferne wohl sei. Das Weiblein antwortete: „Sie stehen dort zu Hunderten und liegen zu Tausenden". Was die Soldaten nicht wussten: Das alte Weib meinte die Grabsteine und die Toten auf dem Strieper Friedhof 18. Die Engländer beschlossen zu fliehen und verließen Terschelling in aller Eile. Die alte Dame wurde zur großen Heldin Terschellings: Ganz allein hatte sie die englische Invasion verhindert! Eine Statue mit einer in die Ferne weisenden Frau erinnert am Straßenrand an diese Legende.

gigen Kurs einen tieferen Einblick in die Imkerei gewinnen.

Auch für diejenigen, die nicht an einem Kurs teilnehmen, ist der Besuch des Bijenparks empfehlenswert, denn im kleinen **Laden** gibt es Bienenhonig und weitere Bienenprodukte zu kaufen wie Pollen (fürs Müsli) oder antibiotisch wirkendes Propolis.

› Horn Sjildeweg 1, www.bijenparkterschelling.nl, geöffnet: Mo–Sa 11–18, So 14–18 Uhr, Eintritt frei

Strand

Der Strand von Midsland liegt rund 3 km nördlich vom Ortskern in **Midsland aan Zee** [D–E3], einem kleinen Ort direkt am Nordseestrand mit Ferienhäusern auf den Dünen. Er ist der ideale Familienstrand, auch Hunde sind ganzjährig willkommen. Rettungsschwimmer sind in der Hochsaison zwischen Juli und 1. Sept. tägl. 10–18 Uhr anwesend. Fürs leibliche Wohl sorgt der **Strandpaviljoen De Branding** (s. S. 47). Der Strand ist von Midsland aus per Auto oder Fahrrad über den Heereweg erreichbar. Buslinie 2 bringt Badewillige vom Ortskern in den Badeort.

KURZ & KNAPP

Bieneninfos vom Imker

Ein **Bienenvolk** besteht im Winter aus 2500 bis 10.000 Bienen, doch im Frühling erhöht sich die Anzahl der Bienen auf 50.000 pro Bienenkorb. Und dann gibt es viel zu tun: Für 1 kg **Honig** müssen die Bienen rund 80.000 km fliegen (2-mal um die Erde!).

041lte-ug

Infos und Reisetipps

› **Ortswebsite:** https://terschelling-midsland.nl mit Einkaufstipps, Lokalen und Unterkünften (nur auf Niederländisch)

› **Busverkehr:** In Midsland gibt es insgesamt sieben Bushaltestellen, u. a. im Zentrum und in Midsland-Noord, zwei in Baaiduinen (Details s. S. 130).

› **Fietsverhuur Zeelen in Midsland** <42> Heereweg 30, Tel. 0562 448165, https://zeelenfiets.nl, geöffnet: tägl. 9–18 Uhr

› **Proeflokaal de Korenmaat (Verkostung Scellinger Bier)** <43> Hoofdweg, Baaiduinen 32, direkt neben De Stormvogel, https://terschellinger-bieren.com. Verkostungsraum und Informationszentrum für Scellinger Bier (s. S. 92). Bierprobe ab 6 Personen.

Unterkünfte

■ **Camping Terpstra** € <44> Midslander Hoofdweg 27, Tel. 06 12203659, https://campingterpstra.nl, geöffnet: Anf. April–Mitte Sept. **Campingplatz für junge Leute:** Besucher können vor Ort einfach eingerichtete Zelte mit Bierbank vor dem Zelt mieten.

› **De Stormvogel** €€€ <45> Baaiduinen 32, Tel. 0562 448797, www.destormvogel.nl. **Unterkünfte mit toller Aussicht:** zwei B-&-B-Zimmer und drei Wohnungen (für 4,6 oder 8 Pers.) im kleinen Nachbar-

Imker Klaas Sluiman vom Bienenpark (19) teilt gerne sein Wissen

042te-ug

ort Baaiduinen. Die Wohnungen sind modern und komfortabel eingerichtet und vollständig ausgestattet – u. a. mit Fußbodenheizung, Spülmaschine, Mikrowelle und Kühlschrank. Von der Terrasse hat man einen fantastischen Blick auf die Polderlandschaft.

- **Pension In de Witte Handt** €€ <46> Westerdam 10, Tel. 0562 448937, www.indewittehandt.nl. **Eine Pension wie aus der guten alten Zeit:** einfach eingerichtet, teilweise mit Gemeinschaftsbad, aber sehr liebevoll dekoriert und mit nostalgischem Flair – eben so, wie man sich eine echte Pension vorstellt.

Essen und Trinken

- **De Ouwe Smidte** € <47> Oosterburen 37, Tel. 0562 448069, www.deouwesmidte.nl, geöffnet: Mo/Di u. Do–Sa 10–17 Uhr. In einem wunderschönen historischen Gebäude mitten in der Fußgängerzone lädt die „Alte Schmiede" unter Holzbalken zu hausgemachten Kaffee- und Teespezialitäten ein (unbedingt eine Praline dazu bestellen!). Herrlich sind auch die Plätze vor dem Haus, wo man entspannte Terschelling-Urlauber vorbeischlendern sieht.
- **Het Witte Huuske** €€ <48> Oosterburen 1, Tel. 0562 448636, Facebook: TWitte Huuske, geöffnet: Mo–Sa 10–21 Uhr. In einem weißen Häuschen, dessen Mauern aus dem Jahr 1610 stammen, und auf der sonnigen Terrasse vor dem Haus lässt man sich am Abend vor allem Schnitzel schmecken.
- **Onder de Pannen** €€ <49> Heereweg 22, www.onderdepannen.eu, geöffnet: tägl. 12–23 Uhr. Am Ortsrand von Midsland gelegen, ist das frisch renovierte Restaurant für seine guten Fischgerichte und Inselprodukte bekannt. Auch Vegetarier kommen nicht zu kurz und können sich auf Gado-Gado (indonesischer Salat), Käsefondue und gegrillte Zucchini freuen.
- **Pura Vida Foodbar** € <50> Oosterburen 36, Tel. 06 11855457, www.puravidafoodbar.nl, geöffnet: Di–Fr 10–22, Sa/So 10–0 Uhr. Ideal für alle, die keine Lust mehr auf Pommes und Bitterballen (Fleischkroketten) haben. Es gibt dort köstliche Bowls, etwa mit Reis, Lachs und Erbsen oder Bohnen oder eine marokkanische Variante mit Couscous, gebratenem Gemüse und Humus.
- › **Strandpaviljoen De Branding** €€€ <51> Midsland aan Zee 457, Tel. 0562 448411, https://strandpaviljoende

Auf Pfählen errichtet, trotzt der Strandpaviljoen De Branding jeder Sturmflut

043te-ug

branding.nl, geöffnet: tägl. 11–22 Uhr. Gepflegtes, auf Pfählen errichtetes Strandrestaurant mit großer Sonnenterrasse. Die Speisekarte ist online auch auf Deutsch abrufbar.

Einkaufen

Lebensmittel

- **1648 Pur Sang** <52> Oosterburen 23, www.1648pursang.nl, geöffnet: Di–Fr 10.30–17.30, Sa 10.30–17 Uhr. Was für ein hübscher, kleiner Laden! In einem schmalen Haus von 1648, zentral in der Haupteinkaufsstraße in Midsland gelegen, werden Naturkost, Biogemüse und -obst, Brot und Naturkosmetik verkauft. Weiterhin gibt es eine große Auswahl an Terschellinger Produkten und Wattenmeer-Delikatessen wie Käse, Honig, Wein und Bier. Interessantes Detail: In der früheren Mini-Küche des Hauses ist ein sogenannter *Toko* zu finden. So nennen Niederländer Geschäfte, in denen asiatische Lebensmittel verkauft werden.
- **Coop** <53> Oosterburen 2–4, geöffnet: Mo–Do, Sa 8–18, Fr 8–20, So 9–14 Uhr. Gut sortierter, im Ortszentrum gelegener Supermarkt. Gut zu wissen: Hier ist auch die OV-chipkaart (s. S. 131) für den öffentlichen Nahverkehr erhältlich.
- › **De Ouwe Smidte** (s. S. 47). Gemütlich eingerichteter Laden mit Café-Ecke, in dem es herrlich nach Kaffee duftet. Hier werden selbst geröstete Kaffeebohnen und eine große Auswahl an Pralinen und Schokolade, diverse Teesorten, Nüsse und Barista-Accessoires verkauft.

⌃ Pura Vida Foodbar (s. S. 47): südamerikanisches Flair in Midsland

› Frisches Biobrot gibt's bei 1648 Pur Sang

Kleidung und Schmuck

- **Boetiek 44** <54> Oosterburen 44, www.boetiek44.nl, geöffnet: Mo–Sa 11–17 Uhr. Damenkleidung und -schuhe, Accessoires, Taschen, Schmuck – die Eigentümerin Barbera Schot achtet auf Qualität, Nachhaltigkeit und Ausstrahlung. Die Bandbreite reicht von sportlich über *Bohemian* bis romantisch. Darüber hinaus verkauft Barbera auch Kunstpost-

102te-ug

karten ihres Vaters Frans, der als Maler und Designer auf der Insel lebt.

- **Terschellinger Goud en Zilver smederij** <55> Oosterburen 34, https://goudsmid-terschelling.nl, geöffnet: Di–Fr 11–17, Sa 11–16 Uhr. Gold- und Silberschmiede. Die meisten kennen die Pandora-Sammelarmbänder. Auf Terschelling heißen sie Brandora und gesammelt werden silberne Muscheln, Seesterne, der Brandaris-Leuchtturm und das Rettungshäuschen im Mini-Format – das ideale Geschenk für Terschelling-Fans.
- **WaddenChic Outdoor Fashion** <56> Oosterburen 39, www.waddenchic-terschelling.nl, geöffnet: Mo–Sa 11–17 Uhr. Outdoor- und Sportbekleidung, Schuhe, Taschen, Socken und Accessoires für Damen und Herren. Praktisch, wenn man die Regenjacke vergessen hat!

Nachtleben

- **Bar Dancing WYB** <57> Oosterburen 11, https://wyb.nl. Disco mit Themen-Partys, DJ-Sets und Raucherbereich. Vor allem junges Publikum, Zutritt ab 16 Jahren.

20 Formerum ★★★ [E3]

Postkartenidylle mitten auf Terschelling: eine große Windmühle 21, wunderschöne Bauernhäuser und verlockende Cafés sowie Restaurants. Und das Wrakkenmuseum 22 weiht in die Geheimnisse untergegangener Schiffe ein.

Noch nicht einmal 300 Einwohner zählt das kleine Dorf, das im Mittelalter der größte Ort der Insel war. Heute besteht es aus ein paar vereinzelten Bauernhäusern, umrundet von Campingplätzen.

Blickfang des Dorfes ist die große **Mühle** mit einem Café (Cranberry-Quarktörtchen!) und dem Minigolfplatz daneben. Ebenfalls im „Zentrum" des Dorfes: das Restaurant **De Rustende Jager** (s. S. 53). Früher stand im Dorf noch eine Kirche, die

KURZ & KNAPP

Happy Stones

Die **Happy-Stones-Initiative** erfreut sich auch auf Terschelling großer Beliebtheit. Bemalte Kieselsteine werden überall auf der Insel niedergelegt – in den Wäldern von Hoorn 26 und Formerum 20 oder am Straßenrand in den Dörfern. Wer einen Happy Stone mit einer Zeichnung des Leuchtturms Brandaris 6 oder einer Comic-Figur findet, darf sich glücklich schätzen. Man kann den Stein zurücklassen, ihn mitnehmen oder an eine andere Stelle setzen. Der Zweck dieser Steine ist allerdings, dass sie auf Reise gehen. Und natürlich kann auch jeder mitmachen und seinen eigenen Stein bemalen, um ihn danach „auszusetzen". Geeignete Kieselsteine gibt es beispielsweise am Grünen Strand 10. Wohin die Terschellinger Steine „gewandert" sind, verraten die rund 3000 Mitglieder der Facebook-Gruppe Happy Stones Terschelling.

jedoch Ende des 16. Jahrhunderts abgerissen und nicht mehr ersetzt wurde. Ein Must-do bei einem Besuch von Formerum ist eine Stippvisite im sehenswerten **Wrakkenmuseum.**

Einer der charakteristischen Bauernhöfe Terschellings ist das **Spylske Huus**, das 1759 erbaut wurde und heute unter Denkmalschutz steht. Der Bauernhof befindet sich auf der Südseite von Formerum, also von der Windmühle aus gesehen jenseits der Hauptstraße. Das Haus hat einen sehr langen, durchgängigen Dachfirst und ein weit herunterhängendes Dach.

Formerum ist der Ort, an dem **Willem Barents** (s. S. 21), der berühmte Seefahrer, geboren wurde – mehr über ihn erfährt man im **Heimatmuseum 't Behouden Huys** 3 in West-Terschelling 1.

044te-ug

21 Koffiemolen (Windmühle) ★★ [E3]

Die einzige Windmühle der Insel, erbaut 1876

Einmal sollte man hier einkehren, denn der **Cranberry-Cheesecake** ist einfach unwiderstehlich! Am besten schmeckt er im Sommer unter den Flügeln der Windmühle im **Mühlengarten.**

Die reetgedeckte, achteckige Mühle war einst eine **Getreidemühle.** Heute wird sie als Café genutzt, weshalb sie den Namen **„Kaffeemühle“** trägt. Übrigens befand sie sich nicht immer mitten in Formerum, zentral an einem beliebten Radweg. Tatsächlich wurde die Mühle 1838 im Weiler Dellewal bei West-Terschelling 1 errichtet, aber im Jahr 1876 an ihren heutigen Standort am westlichen Rand Formerums verlegt. Besucher sollten unbedingt auch einen Blick ins Innere der Mühle werfen, denn das Café ist urgemütlich mit historischen Gegenständen eingerichtet.

› Formerum 6, Tel. 0562 448855, geöffnet: tägl. 10–18 Uhr

22 Wrakkenmuseum (Wrackmuseum) ★★ [E3]

Welch ein spannendes Museum voller Fundstücke, die Taucher vom Meeresboden holten oder Jutter (s. S. 28) am Strand einsammelten. Vor allem in Begleitung von Kindern eine echte Freude!

Hille van Dieren ist selbst Wracktaucher und zeigt in seinem Museum, untergebracht in einem original Terschellinger Bauernhaus, Fundstü-

‹ In der Koffiemolen werden Kaffee und Kuchen kredenzt

Lutine, das sagenumwobene Goldschiff

Die Lutine war eine 1779 in Toulon gebaute Fregatte mit 38 Kanonen, die unter englischer Flagge fuhr. Am 9. Oktober 1799 erlitt sie bei Terschelling Schiffbruch, wobei eine sagenhaft große Menge Gold und Silber (auch holländische Kronjuwelen sollen darunter gewesen sein) im Meer versank und 270 Menschen ums Leben kamen. Nur einer der Matrosen überlebte und konnte von dem unglaublichen Wert der Ladung berichten, die nach Hamburg gebracht werden sollte, um dort Banken vor dem Bankrott zu bewahren und einen Börsencrash zu verhindern (was durch das Sinken des Schiffes dann doch noch eintrat).

Die Schiffsladung soll aus unzähligen Münzen, etwa 450 Goldbarren mit einem Gewicht von jeweils 5,5 kg und circa 180 Silberbarren, jeweils 25 kg schwer, bestanden haben. Übrigens war eine solch wertvolle Ladung schon zu jenen Zeiten versichert, und zwar bei Lloyd's in London. Die Versicherungssumme lag bei 900.000 Pfund.

Es ist also nicht weiter verwunderlich, dass man einen solchen Schatz nicht einfach auf dem Meeresgrund liegenlassen wollte. Lloyd's, die Briten und die Holländer trafen schon bald am Unglücksort ein, um die Bergung des Schiffs aus 7,50 m Tiefe in die Wege zu leiten. Ein Jahr später holte der Terschellinger F. P. Robbé rund zwanzig Goldbarren aus dem Schiffswrack, doch das reichte noch nicht einmal für die Deckung der entstandenen Kosten. Es folgten viele weitere Bergungsversuche, die nicht von Erfolg gekrönt waren.

Im Jahr 1938 wurde dann noch einmal schweres Geschütz eingesetzt, um an das Lutine-Gold heranzukommen: Die Karimata, ein riesengroßes Baggerschiff, trug unter viel Medienrummel den Meeresboden ab und zerstörte dabei das Wrack. Die Ausbeute der 442.554 Gulden teuren Schatzsuche war jedoch katastrophal: Nur ein 3,5 kg schwerer Goldbarren wurde gefunden – und diesem wird auch noch nachgesagt, dass er als Medienstunt diente. Dessen Wert betrug lediglich 12.038 Gulden.

Die Schiffsglocke der Lutine hängt übrigens heute im Underwriting Room der Versicherungsgesellschaft Lloyd's of London und wird dort noch zu bestimmten Anlässen geläutet. Was das Gold der Lutine betrifft: Vermutlich liegen noch immer rund 350 Goldbarren und 80 Silberbarren unter Wasser. Genug Anreiz für Schatzsucher, vor Terschelling abzutauchen!

cke aus den vielen **Schiffswracks**, die auf dem Meeresboden rund um Terschelling liegen. Fast 150 Schiffswracks – historische, aber auch einige moderne Schiffe – sind seit 1976 von den Terschellinger Tauchern aufgespürt worden. Die Wracktaucher haben Tausende interessanter Fundstücke vom Meeresboden geholt, die einen Zeitraum von 1650 bis heute umspannen. Übrigens wurden gefundene Schiffsteile auch zum Bau des Bauernhofs verwendet, in dem das Wrakkenmuseum untergebracht ist: Überreste einer norwegischen Barke, die 1905 vor Terschelling sank, stützen die Balkenkonstruktion.

Gezeigt werden auch zahlreiche **Strandfunde.** Dazu gehören angeschwemmte Bojen, Schuhe (s.

045te-ug

Das Wrackmuseum (22) und seine unzähligen Meeresfunde

„Schuhnami“ auf S. 29), Spielsachen und natürlich Flaschen mit eingerollter Post. Auch dem Kriegsgeschehen zu See werden einige Vitrinen gewidmet. Dabei geht es u. a. um die Frage: Ging die deutsche Marine während des Zweiten Weltkrieges am Bier zugrunde? Denn in jedem deutschen Schiffswrack fand man zahlreiche Bierflaschen. Ebenfalls interessant: die Sonderausstellung über die Arbeit der Helmtaucher am Wrack des **Goldschiffes Lutine** (s. S. 51).

Ein wahres Kinderparadies ist der **Piratengarten** hinter dem Museum: Hier gibt es einige große Fundstücke wie Bojen, Anker und Kanonen. Doch das Faszinierendste ist das Sammelsurium an Hängebrücken, Aussichtstürmen, Rutschen, Schaukeln, Wasserspielbecken, Baumhäusern, Holzburgen und natürlich das Piratenschiff!

› Formerum Zuid 13, Tel. 0562 449305, www.wrakkenmuseum.nl, geöffnet: tägl. ab 10 Uhr, Eintritt: Erw. 4,50 €, Kinder 2,50 €

Strand

Formerum hat seinen eigenen Strand, den man von der Ortsmitte **mit dem Rad** in rund 7 Min. erreicht (zu Fuß ca. ½ Std.). Wer mit dem Auto hinfahren möchte, dem steht ein kleiner **Parkplatz** zur Verfügung. Die Mühe lohnt sich, denn der Strand ist riesig breit und **feinsandig weiß.** Er wird von Juli bis zum 1. Sept. bewacht. Ein echtes Highlight ist die hiesige Strandbar namens **Zandzeebar** (s. S. 53). Die **Anfahrt** erfolgt über den Molenweg (Abzweigung von der Hauptstraße) und weiter über den Badweg Formerum.

Infos und Reisetipps

› **Busverkehr:** Es gibt eine Bushaltestelle direkt bei der Windmühle und eine am Campingplatz Haantjes/Appelhof (Details s. S. 130).

› **Bakker Fietsverhuur** <58> Molenweg, Tel. 0562 448083, https://bakker-terschelling.nl, geöffnet: tägl. 9–18 Uhr

› **Fietsverhuur Zeelen in Formerum** <59> Formerum 39, Tel. 0562 448165, https://zeelenfiets.nl, geöffnet: April–5. Nov. tägl. 9–18.00 Uhr, Jan.–März Mo–Sa 9–17 Uhr

› **Noorderlicht Fietsverhuur** <60> Molkenbosweg 1A, Tel. 0562 449897, www.fietsverhuur-terschelling.nl, geöffnet: Mo–Sa 9–18, So 12–17 Uhr. Leihräder, die auch zur Urlaubsadresse gebracht werden, und Pannenservice für unterwegs. Highlights: elektrische Lastenfahrräder und elektrische Tandems für einen Erwachsenen und ein Kind.

› **De Prairie:** Reiten auf Shetland-Ponys und Isländern (s. S. 85)

Unterkünfte

› **Camping Nieuw Formerum** € <61> Duinweg Formerum 13, Tel. 0562 448977, www.nieuwformerum.nl, geöffnet: April–Okt. **Großer Familiencampingplatz:** rund 250 Stellplätze, in der Nebensaison ideal für Ruhesuchende, mit oder ohne Hund. Strom (10 Ampere), kostenloses WLAN und saubere, barrierefreie sanitäre Einrichtungen inkl. Familien- und Kinderduschen. Mit weitläufiger Spielwiese für die Kinder.

› **Camping Vis** €€ <62> Dirkmansweg 10, https://boerencampingopterschelling.nl. **Klein, aber fein:** Minicamping mit sieben sehr schönen Safarizelten und drei Zeltplätzen, gutes WLAN.

› **Haantjes Vakantiepark** €€ <63> Koksbosweg 4, www.haantjes.nl, Tel. 0562 448883. **Ferienhäuser für jeden Geschmack:** Wer es modern und minimalistisch mag, wird sich in den dunkel angestrichenen, rechteckigen Wadstroom-Ferienhäusern für 4 Personen mit elektrischem Kamin und allen Annehmlichkeiten wie Spülmaschine und Smart-TV wohlfühlen. Daneben gibt es einfache Bungalows und Hütten, Mietwohnwagen und Ferienhäuser für bis zu 10 Personen.

› **Vakantiepark Mast** €€ <64> Formerum 33, Tel. 0562 448882, www.campingmast.nl, geöffnet: April–Anf. Okt. **Zentrale Lage und alle Annehmlichkeiten:** Im Sommer finden sich hier hauptsächlich Familien ein, in der Nebensaison Senioren. Stellplätze mit Strom- und Wasseranschluss, vermietet werden auch Chalets und Safarizelte. Gratis WLAN, Restaurant, Snackbar, beheiztes Sanitärgebäude. Supermarkt und Fahrradverleih sind zu Fuß erreichbar. Im Sommer Kinderanimation.

Essen und Trinken

› **De Rustende Jager** €€ <65> Molenweg 2, Tel. 0562 448589, www.rustendejager.com, geöffnet: tägl. 11–23 Uhr. Seit 1965 ein beliebter Anlaufpunkt für alle, die Hunger haben und in schöner Atmosphäre speisen möchten – an 365 Tagen im Jahr. Die Tische und Stühle stehen im Sommer auf der großen Wiese. Typisch holländische Kost wie Seezunge, Lachsfilet in Weißweinsoße und Rumpsteak, aber auch Saté-Spieße und Paprikaschnitzel.

› **Zandzeebar** €€ <66> Badweg Formerum 6, Tel. 0562 445172, https://dezandzeebar.nl, geöffnet: tägl. ab 11 Uhr. Strandbar, die hip und zugleich ungezwungen ist. Am riesigen, hellen Sandstrand von Formerum steht diese himmelblau-weiß gehaltene Strandbar, die sofort Beachfeeling aufkommen lässt und zum Chillen einlädt. Zu essen gibt es Flammkuchen, Saté, Burger, Salate, Tapas, Curry und vegetarische türkische Pizza. Man schnappe sich einen Liegestuhl und genieße die Aussicht aufs Meer!

046te-ug

Genuss mit Windmühle ㉑ *im Blick: köstlicher Cranberry-Quarkkuchen*

Einkaufen

- **Boekenboer** <67> Formerum Zuid 16, http://boekenboer-terschelling.nl, geöffnet: Mo–Sa 13–17 Uhr. Urlaubslektüre gewünscht? Der „Buch-Bauer" hat zwischen seinen 20.000 antiquarischen Büchern auch das eine oder andere deutsche Exemplar.
- **Cranberry Lekkernijwinkel** <68> Mersakkersweg 5, www.cranberrywinkel.nl, geöffnet: Mai–Nov. Mo–Sa 10.30–16.30 Uhr, Nov.–Mai Mo–Sa 13.30–16.30 Uhr. Ein ganzer Laden voller Cranberry-Produkte – vom Tee übers Kompott bis zum Likör.

MEIN TIPP

Mit dem Öko-Mobil durch die Natur

Zusammen mit der **Staatsbosbeheer,** der Forstverwaltung der Insel, entwickelte Maarten Sjoers seine **Eco Safaris.** Da seine Öko-Mobile elektrisch fahren, sind sie besonders ruhig und schrecken die Tierwelt nicht auf. Angeboten werden Ausfahrten am frühen Morgen, kurz nach Sonnenaufgang, und am Abend vor Sonnenuntergang. Rund 2½ Std. fahren Naturliebhaber in kleinen Gruppen zusammen mit einem Führer auf der Suche nach Rehen und Raubvögeln durch Wald- und Dünengebiete. Dabei wird auch viel Wissen rund um die Inselnatur vermittelt, z. B. warum die Bäume am Waldrand so schief stehen und was es mit den *plakken,* den Wiesen zwischen den Dünen, auf sich hat.

Die Touren starten am **Hotel De Walvisvaarder** (s. S. 55). Bei Bedarf werden Erklärungen auch auf Deutsch gegeben. Unbedingt **vorab reservieren** (per Website oder telefonisch):

- **Eco Safaris** ✿, ww.ecosafariterschelling.nl, Tel. 06 53873533

- **Jumbo Supermarkt** <69> Formerum 16, geöffnet: Mo–Sa 8–20, So 9–17 Uhr (im Sommer). Alles da – vom frischen Obst und Gemüse über Brot und Getränke bis zum Putzlappen.

23 Lies ★★ [E3]

Der kleine Ort ist ausgesprochen idyllisch, vor allem wenn man die Hauptstraße verlässt und sich die kleinen Nebenstraßen ansieht. Dort lassen sich Häuser aus dem 17. Jahrhundert bestaunen.

Das **älteste Bauernhaus der Insel,** das **Admir** aus dem Jahr 1662, steht an der Hauptstraße 27. Dem grauen Backsteingebäude mit dem tiefgezogenen Dach sieht man sein stattliches Alter an, doch drinnen ist es komfortabler und so dient das Bauwerk heute als Ferienhaus. Weitere wunderschöne Häuser stehen an der **Zuidkant,** einer kleinen, nicht für Autos befahrbaren Straße, die gegenüber vom Spar-Supermarkt von der Hauptstraße abführt. Unbedingt einmal vorbeischauen!

Zurück zum ländlichen Charakter des Dorfes: Mit Biorindfleisch kann man sich auf dem Biobauernhof **Boerderij Spanjer** an der Hauptstraße eindecken, die **Kaasboerderiji De Pieter Peit's Hoeve** (beide s. S. 56) verkauft leckeren Bauernkäse.

24 Natuurschuur Lies (Naturscheune) ★ [E3]

Die Naturscheune Lies ist eine **Informationsstelle** in einer Scheune am Rande der Dünen, unter Leitung des niederländischen Forstamtes Staatsbosbeheer. Jährlich besuchen zwischen 10.000 und 15.000 Menschen die Natuurschuur, um sich über die

Terschellinger Natur zu informieren oder um an **Exkursionen** teilzunehmen. Es gibt auch einen kleinen **Laden.**

› Duinweg 4, Tel. 0562 442116, geöffnet: tägl. 13–16.30 Uhr

25 Naturschutzgebiet Koegelwieck ★★ [E3]

Nördlich von Lies liegt das größte sekundäre Dünental Terschellings mit einem beeindruckenden Pflanzenreichtum.

Das Naturschutzgebiet Koegelwieck umfasst eine Fläche von ca. 400 ha und reicht vom Rand der Dünen im Süden bis zum Saum der Nordsee. Mehrere **Radwege** durchziehen das Naturschutzgebiet in Richtung Meer. Der Weg Noordhoek führt an der Natuurschuur 24 vorbei in Richtung Nordwesten, wo nach wenigen Hundert Metern ein kleiner **Dünensee** liegt. Auf den ihn umgebenden **Feuchtwiesen** wachsen im Frühling zahlreiche **Orchideen** (s. S. 104) und machen den Koegelwieck zu einem botanisch bedeutsamen Gebiet. Im Norden des Koegelwieck wachsen die für Terschelling bedeutenden **Cranberrys** (s. S. 31) und in einem Tal namens **Hoornermiede** im Südosten kommt der stark gefährdete Lungen-Enzian vor.

Durch das Naturschutzgebiet führen zudem einige **Wanderwege**, die allerdings im Winter oder nach viel Regen kaum mehr begehbar sind. Dann stehen sogar ganze Waldgebiete unter Wasser.

Tipp: Weil man sich im **Hotel De Walvisvaarder** (s. rechts) so bequem ein Rad ausleihen kann, bietet sich eine Radtour durch das Naturschutzgebiet, ausgehend vom Hotel, geradezu an. Für den Rückweg kann man den Weg durch den Wald bis nach Formerum 20 nehmen, von wo der Radweg an der Straße wieder nach Lies und zum Hotel führt.

Infos und Reisetipps

› **Busverkehr:** Die Bushaltestelle befindet sich direkt vor dem Hotel De Walvisvaarder (Details s. S. 130).

› **Radverleih im Hotel De Walvisvaarder** (s. unten): der hoteleigene Fahrradverleih ist gigantisch groß und in einer Fahrrad-Tiefgarage hinter dem Hotel untergebracht. Vermietet werden Sieben-Gänge-Räder und E-Bikes von Gazelle (ab 8 € pro Tag).

› **Führungen durch die Käserei:** jeden Samstag um 10.30 Uhr in der Kaasboerderij De Pieter Peit's Hoeve (s. S. 56)

Unterkunft

› **Boerderij Spanjer** €€ (s. S. 56). **Übernachten beim Biobauern:** Fünf Apartments (drei im Bauernhaus, zwei im früheren Stall) für 4–10 Personen sowie ein kleiner Zeltplatz mit zehn Stellplätzen laden zu einem stilechten Urlaub auf dem Bauernhof ein.

› **Hotel De Walvisvaarder** €€€ <70> Lies 23, Tel. 0562 449000, www.walvisvaarder.nl/de. **Ruhig und naturnah gelegene Unterkunft:** Mehr als 70 große Zimmer, Garten-Suiten und Apartments, die sich über ein lang gestrecktes Gebäude und einen modernen Anbau verteilen, die meisten mit Balkon oder Terrasse und mit hübschen türkisfarbenen Accessoires gestaltet. Zu den Stammgästen zählen auch viele Deutsche. Erstklassig ist der hoteleigene Fahrradverleih. Bushaltestelle direkt vor dem Hotel. Hotelgäste, die Halbpension gebucht haben, erhalten ein täglich wechselndes 3-Gänge-Menü im angeschlossenen Restaurant.

Essen und Trinken

- **Restaurant im Hotel De Walvisvaarder** €€€ (s. S. 55). Sehr schön ist das 2020 umgebaute Restaurant mit Bar und Terrasse, in dem Gerichte wie Entenbrust, Kabeljau, Burger und Spinat-Quiche serviert werden.

Einkaufen

- **Boerderij Spanjer** <71> Lies 18, Tel. 0562 448905, www.boerderijspanjer.nl, geöffnet: Mo–Sa 9–10 Uhr. Kleiner Hofladen, der Käse und Biofleisch von den eigenen Black-Angus-Rindern verkauft. Mit Unterkunft (s. S. 55).
- **Kaasboerderij De Pieter Peit's Hoeve** <72> Buitenwalweg 6–8, www.pieterpeitshoeve.nl, Tel. 0562 448501, geöffnet: Mo–Fr 10–18, Sa 10–17 Uhr. Käse mit Schnittlauch, Bockshornklee, Knoblauch-Meerrettich, Nelken, Kümmel, Pfeffer oder Schnittlauch. Doch der absolute Klassiker ist der kleine, runde Cranberry-Käse (ideal zum Mitnehmen!). Weiterhin gibt es in dem kleinen Hofladen Holzschuhe, Terschellinger Produkte wie Inselbier und natürlich alles, was man aus Cranberrys herstellen kann – von Cranberry-Senf über Saft bis zum Shampoo. Samstags um 10.30 Uhr (in Ferienzeiten auch an anderen Tagen) werden Führungen angeboten, bei denen der Prozess der Käseherstellung erklärt wird. Dauer: 1 Std., Kosten: Erw. 3,50 €, Kinder 2,50 € (inkl. Getränk).
- **Spar Supermarkt (2)** <73> Lies 15, geöffnet: Mo–Do, Sa 8–18, Fr 8–20, So 9–13 Uhr. Mittelgroßer, gepflegter Supermarkt mit allem, was man als Selbstversorger so braucht: Brot, Getränke, Kosmetikartikel, Obst und Gemüse (auch frisch gepresster Orangensaft), Milchprodukte und zusätzlich eine Auswahl von Terschellinger Erzeugnissen.

26 Hoorn ★★ [F3]

Das landwirtschaftlich geprägte Dorf in der östlichen Inselmitte zieht sich entlang der Hauptstraße. Blickfang ist hier die Sint Janskerk 27.

Eines der ältesten Gebäude des Dorfes ist die **Strandvonderijschuur** („Strandfinderscheune") aus dem Jahr 1798: eine teilweise aus Steinen errichtete Scheune mit rotem Ziegeldach, die unscheinbar aussieht, aber noch im Originalzustand erhalten ist. Früher brachten die **Strandräuber** (s. S. 28) der Insel dort ihre Beute unter.

Noch älter ist die mittelalterliche **Kirche** von Hoorn. Direkt daneben steht der sogenannte **Sjouw,** ein Zeitball, der den Bauern der Umgebung anzeigte, wann es Zeit für die Mittagspause war. Während Hoorn früher von der Landwirtschaft lebte, so sind es heute hauptsächlich Touristen, die Geld ins Dorf bringen.

Zwischen Hoorn und den Dünen an der Nordsee erstreckt sich der schöne **Hoornsebos (Hoorner Wald)** [F2], der in den 1920er-Jahren angepflanzt wurde und der von **Rad- und Wanderwegen** durchzogen ist, z. B. dem **Kabouterpad** für Kinder (s. S. 57).

Die „Hauptattraktionen" von Hoorn sind jedoch einige seiner Bewohner: der **Fischräucherer Hans Ditzel** in seinem Geschäft Het Olde Ambaecht, der kreative Koch und Fan von Wattenmeer-Gewächsen **Flang Cupido** vom Kookstudio Flang in de Pan (beide s. S. 60) und der **singende Kneipenboss Hessel** sowie seine Tochter Tess (s. S. 61).

> Das älteste Gebäude der Insel: die Sint Janskerk in Hoorn

Pferdefans kommen bei **Ausritten und Kutschfahrten** auf ihre Kosten (Huifkarbedrijf Terpstra, s. S. 85).

27 Sint Janskerk ★ [F3]

Die im Mittelalter im romanisch-frühgotischen Stil errichtete Sint Janskerk ist das älteste Bauwerk der Insel.

Der Bau der Kirche begann in der zweiten Hälfte des 13. Jahrhunderts, als hier eine kleine romanische Kapelle errichtet wurde. Überreste dieser Kapelle sind noch in der Nordmauer erkennbar. Im 14. Jahrhundert wurde die Kirche erweitert und es wurden größere, frühgotische Fenster eingebaut. Seitdem wurde nicht viel an der Kirche verändert. Der 35 Meter hohe **Kirchturm** diente bis 1843 auch als Seebake.

Im **Inneren** der Kirche stehen eine Kanzel und ein Abendmahltisch, beide aus der Zeit um 1600. Das Taufbecken stammt aus dem 18. Jahrhundert.

Nicht nur aufgrund ihres Alters ist die Kirche interessant, sondern auch wegen der **Legende** um ihre Errichtung („Die Kirche und die Kuh", s. S. 58). Ein **Sjouw**, auch Zeitball genannt, steht unmittelbar neben der Sint Jankerk. Er besteht aus einem runden, geflochtenen Korb, der sich an einer langen Stange befindet. Punkt 11.30 Uhr mittags wurde er in die Höhe gezogen, sodass die Bauern selbst auf entfernt gelegenen Äckern sehen konnten, dass es Zeit fürs Mittagessen war. Auch die Zeit zum Melken wurde mithilfe des Zeitballs angegeben.

› Dorpsstraat 27,
geöffnet: tägl. 11–12 Uhr

MEIN TIPP

Kabouterpad: Wanderpfad für Familien

Wer die Augen offenhält, kann im **Hoornsebos (Hoorner Wald)** [F2] Zwerge aufspüren. Im Rahmen einer 2 km langen, 1- bis 2-std. Wanderung entdeckt man ihre Spuren, etwa Fußabdrücke im Sand oder plattgedrücktes Gras vom Mittagsschlaf eines Zwerges. Dazu folgt man einfach den **Pfählen mit Zwergenmotiv.** Der Kabouterpfad ist geeignet für Kinder zwischen 3 u. 6 Jahren. Am Anfang der Route gibt es einen Picknicktisch, an dem einen Holzsitz für Babys angebracht ist. Am Ende kann man im Café-Restaurant de Groene Weide (s. S. 59) einkehren.

› **Ausgangspunkt:** Badweg Hoorn in Hoorn 26, Abzweig zwischen Kirche und Café-Restaurant de Groene Weide

049te-ug

KURZ & KNAPP

Die Kirche und die Kuh

Um die Sint Janskerk 27 rankt sich die Geschichte zweier alter Witwen, die äußerst wohlhabend waren und ihr Geld für etwas Sinnvolles und Schönes ausgeben wollten. Da die beiden regelmäßig einige Kilometer zur Kirche in Striep fahren mussten (von der heute nur der Friedhof 18 übrig ist), beschlossen sie den Bau einer eigenen Kirche in ihrem Heimatdorf Hoorn 26. Nur über den Standort konnten sie sich nicht so recht einig werden. So wollten sie es dem Herrgott überlassen, den passenden Ort für das Gotteshaus zu finden: Dort, wo sich ihre Kuh niederlassen würde, sollte die Kirche errichtet werden. Die Kuh wählte einen schönen Platz: auf einer Dünenspitze mit Blick aufs Wattenmeer. Zwar war der Ort schön, doch die Bodenbeschaffenheit war weniger geeignet. Die beiden alten Damen ließen sich jedoch nicht entmutigen und setzten den Kirchenbau durch. Mit Erfolg! Trotz des schlechten Bodens steht die Kirche noch heute.

Strand

Wer das Auto mit Badesachen vollpacken möchte, um an den Strand von Hoorn zu fahren, der wird enttäuscht sein: Der breite, weiße Sandstrand ist **nur mit dem Fahrrad oder zu Fuß erreichbar.** Zwischen Kirche und Restaurant De Groene Weide zweigt der **Badweg-Hoorn** ab, der immer geradeaus direkt zur Strandbar **Kaap Hoorn** (s. S. 61) führt, die sich für eine kulinarische Pause anbietet. Mit dem Rad legt man die ca. 2 km lange Strecke in rund 7 Min. zurück.

Die Wasserqualität des Hoorner Strandes ist herausragend und wird in der Badesaison regelmäßig kontrolliert. **Rettungsschwimmer** überwachen den Strand in der Hauptsaison zwischen Juli und Anf. Sept. Am Strand stehen **Toiletten** zur Verfügung. Zwischen Mai und Anf. Oktober ist es nicht erlaubt, sich mit **Surfbrettern** oder **Schlauchbooten** in der Badezone aufzuhalten. Wer gern mal einen **Drachen** am Strand steigen lässt: nur einfache Drachen, keine mehrdrahtigen sind hier erlaubt.

Infos und Reisetipps

› **Busverkehr:** In Hoorn gibt es drei Bushaltestellen, Manege, Klein Lies und Badweg (Details s. S. 130).

› **Cor Bakker** <74> Dorpsstraat 16, https://cor-bakker.nl, geöffnet: Mo–Fr 8.30–18, Sa 8.30–17 Uhr. Eigentlich ein Werkzeug- und Gartengerätegeschäft, der aber auch Fahrräder vermietet.

› **Tom Terpstra Fietsen** <75> Dorpsstraat 92A, https://terpstrarijwielverhuur.nl, Tel. 0562 448608. Gegenüber der Kirche ist Terpstra zu finden, der seine Räder nicht nur vor Ort vermietet, sondern auch zur Unterkunft bringt. Im Angebot sind 3- und 7-Gänge-Räder, E-Bikes, (Kinder-)Tandems und Anhänger.

› **Workshops Glaskunst:** im Atelier GlasGoed (s. S. 62)

› **Zelfpluktuin Groenhof (Selbstpflückgarten)** <76> Dorpsstraat 111, Tel. 06 43831731, zelfpluktuingroenhof.nl, geöffnet: ab Juni, sobald die ersten Früchte reif sind. Das sind Kindheitserinnerungen: Reife Erdbeeren selber pflücken – und ab und zu wandert eine davon in den Mund. Ist nicht weiter tragisch, denn die Früchte sind nicht gespritzt. Ist die Schachtel mit Kirschen, Blaubeeren, Pflaumen, Stachelbeeren, Johannisbeeren oder Erdbeeren voll, geht's weiter zur Blumenwiese, wo ein Strauß wunderschöner Feldblumen gepflückt werden kann.

Unterkünfte

- **B&B De Postoari** €€€ <77> Dorpsstraat 25, Tel. 06 14046455, https://postoari.nl. **Himmlisch schlafen in der alten Pfarrei:** Hier sind vier liebevoll eingerichtete Zimmer untergebracht, zwei davon im Dachgeschoss mit schweren Holzbalken, zwei weitere im ersten Stock. Es wird viel Wert auf Nachhaltigkeit gelegt: So kommen nur biologisch abbaubare Reinigungsmittel zum Einsatz, das Duschwasser wird mit Solarenergie erhitzt und fürs hausgemachte Essen werden selbst angebaute bzw. regionale Produkte verwendet. Bettwäsche und Handtücher sind aus fair gehandelter Biobaumwolle. Es wird Solarstrom vom eigenen Dach oder lokal erzeugter Ökostrom verwendet.
- **Camping Dennedune** € <78> Duinweg Hoorn 50, Tel. 0562 448196, https://dennedune.nl, geöffnet: Ende April–Okt. **Der älteste und vielleicht schönste Campingplatz der Insel:** Er eignet sich hauptsächlich für Zelte, denn es gibt keinen Elektroanschluss an den Stellplätzen. Wer sein Handy oder Fahrrad aufladen möchte, der muss zum Haupthaus. Aber gerade das macht den Charme von Dennedune aus. Der Zeltplatz befindet sich auf dem Grundstück eines Terschellinger Bauernhofs aus dem Jahr 1871 und besteht aus zwei Bereichen. Auf dem großen, offenen Feld hat man Sicht auf den Wald, die Dünen und die Weiden. Das kleine Feld ist von Erlen umgeben und liegt etwas geschützter. Es gibt zwei Damen- und zwei Herrentoiletten sowie zwei Duschen.
- **De Zeeboer van Schylge** €€ <79> Tordelenweg 7, www.dezeeboer.nl, Tel. 06 86697627. **Übernachten im Alkoven mit Herz:** Fünf zauberhaft eingerichtete Ferienwohnungen, alle mit Terrasse, sind in einem schönen Backsteingebäude untergebracht. Die Apartments „Rood" und „Geel" haben Alkoven mit Herzchen-Türen und bieten Platz für 2–6 Personen. „Blauw" hat eine eigene Terrasse mit Sonnenschirm und einen himmelblauen Kühlschrank. „Wit" ist eine charmante Ferienwohnung für zwei Personen mit einem Doppelbett unter dem Dachgiebel. Gut zu wissen: Haustiere sind nicht erlaubt.
- **Hek Appartementen** €€ <80> Kooiweg 2, https://appartementdehek.nl, Tel. 0562 449106. **Dank Sonnenergie umweltbewusst nächtigen:** Zwei hübsch gestaltete Ferienwohnungen in den Räumen eines ehemaligen Bauernhauses stehen zur Wahl.
- **Hotel Eethuis De Koegelwieck** €€ <81> Dorpsstraat 35, Tel. 0562 449496, www.koegelwieck.nl. **Ein Stück Irland auf Terschelling:** kleines Hotel mit zwei Zimmern, einer Irland-Suite und einem romantischen Gartenhäuschen für zwei Personen. Zum Hotel gehört ein irisches Restaurant (s. S. 61).

Essen und Trinken

- **Café-Restaurant de Groene Weide** €€€ <83> Dorpsstraat 81, Tel. 0562 448459, www.hessel.nl, geöffnet: tägl. 10–24 Uhr. Dieses Restaurant gibt es bereits seit 45 Jahren auf der Insel. Bei einer Radtour fällt es sofort auf und man möchte sich am liebsten gleich auf die sonnige Terrasse setzen. Das sollte man auch tun, denn das Essen schmeckt außergewöhnlich gut und wird von der sehr sympathischen Bedienung serviert. Es gibt diverse Fisch- und Fleischgerichte sowie einige vegetarische Speisen. Vor allem der Salat mit asiatischem Hähnchen *(kip ketjap)* ist ein Genuss. Das Innere ist urig eingerichtet mit Gitarren an der Wand und einer Bühne für Liveauftritte, denn der Eigentümer Hessel gilt als singender Kneipenwirt. Mehr dazu auf Seite 61.

MEINE TIPPS

Die Fischräucherei

Steht man vor dem **Wohnhaus** in der kleinen **Nebenstraße** von Hoorn 26, sieht man ... erst einmal nichts! Hier soll der köstliche Fisch geräuchert werden, der es sogar schon ins niederländische Fernsehen geschafft hat? Aber es dauert nicht lange, dann erscheinen **Hans Ditzel und seine Frau Quirina.** Herzlich wird man empfangen und auch gleich in die Theorie des Fischräucherns eingeführt.

Hans räuchert seit 35 Jahren in einem kleinen Holzkasten neben dem Haus **Makrele, Aal und Lachs.** Schon sein Urgroßvater war Lachs- und Aalfischer auf dem Fluss IJssel bei Doesburg und räucherte seinen eigenen Fang in Holzschränken. Hans entwickelte das Räuchern zu einer wahren Kunst – mit dem Ziel, das perfekte Aroma zu kreieren. Das stammt u. a. von Terschellinger Erlenholz, angereichert mit etwas Eiche. Der fast Achtzigjährige, der nur noch wenig sieht, wird tatkräftig von seiner Frau unterstützt, mit der er seit 50 Jahren verheiratet ist.

Wenn es seine Kräfte weiterhin zulassen, verkauft er **mittwochs und donnerstags** zwischen 10 und 18 Uhr seinen Fisch direkt am Haus, auf Wunsch bietet er auch **Verkostungen** an – mit vielen Anekdoten, denn Hans ist ein begnadeter Geschichtenerzähler.

› **Het Olde Ambaecht** <82> Tordelenweg 10, Tel. 06 37179219, https://hetoldeambaecht.nl

050te-ug

Austerntour mit Flang

Flang ist kochbegeistert. 20 Jahre lang war er Eigentümer des Heartbreak Hotels 31 am Strand von Oosterend 28. Er ist Mitbegründer der **Vereinigung Zilte Smaak,** die mit salzresistenten Pflanzen experimentiert. Und er führt zusammen mit seiner Freundin das **B&B De Postoari** (s. S. 59) mit dazugehörigem Restaurant.

Flangs Leidenschaft ist es, seine Gäste mit ins **Wattenmeer** zu nehmen, wo man zusammen Austern, salziges Gemüse und Wildpflanzen sucht. Daraus bereitet Flang schmackhafte Gerichte zu, die im Sommer im **Garten** serviert werden. Danach bekommt man die Rezepte als Ausdruck zum Mitnehmen.

Übrigens ist Flang auch Meister im **Erbsensuppe-Kochen,** was man sich im Herbst und Winter nicht entgehen lassen sollte (So 10.30–13 Uhr, Kosten: 37,50 € p. P.).

› **Kookstudio Flang in de Pan,** Adresse s. B&B De Postoari (s. S. 59), Tel. 06 83790246, https://flangindepan.nl

Flang zeigt seine Leidenschaft für die Gaben des Wattenmeers

› **Hotel Eethuis De Koegelwieck** €€€ (s. S. 59), Di/Mi geschlossen. Irisches Flair auf Terschelling: Irish Stew, Lammrücken und Fish 'n' Chips in einem urgemütlichen Ambiente.

› **Kaap Hoorn** €€€ <84> Badweg Hoorn 16, Tel. 0562 450152, https://kaaphoornterschelling.nl, geöffnet: Mitte März–Mitte Okt. tägl. ab 10 Uhr, Küche schließt um 17.30 Uhr. Eine Strandbar, die eigentlich gar nicht am Strand steht, sondern windgeschützt hinter der Düne. Durch diese Lage herrscht hier ein besonderes Mikroklima, das man – laut den Eigentümern – normalerweise 300 km weiter südlich antreffen würde. Das gelb gestrichene, leicht mediterran anmutende Holzhaus mit der großen Terrasse, den bunten Kissen und der relaxten Atmosphäre ist absolut einladend! Joost und sein Team verwenden so weit wie möglich naturbelassene Zutaten und bereiten damit *mosterdsoep* (Senfsuppe, ein holländischer Klassiker), Satéspieße mit Hähnchenfleisch und Club-Sandwiches mit Lachs zu. Für die Kinder gibt es Pommes mit Apfelmus oder Poffertjes mit Eis.

Chillen in den Dünen: gemütliche Atmosphäre beim Kaap Hoorn

KURZ & KNAPP

Hessel, der singende Kneipenboss

Hessel wurde im April 1955 in West-Terschelling 1 geboren. Sein Vater arbeitete in der Gasfabrik. Mit 16 Jahren wollte Hessel nach Kanada auswandern, um dort sein Brot als Holzfäller zu verdienen. Sein Vater fand das eine weniger gute Idee. Um Hessel von diesem Gedanken abzubringen, schlug er ihm vor, er könne das Restaurant **De Groene Weide** (s. S. 59) in Hoorn 26 übernehmen. Am 24. März 1972 eröffnete das Restaurant nach umfangreicher Renovierung mit Hessel als neuem Eigentümer. Zuerst lief das neue Lokal nicht sonderlich gut und Hessel vertrieb sich die Zeit mit Gitarrespielen. Schon bald war die Musik nicht mehr aus Hessels Leben wegzudenken und seine Karriere als singender Kneipenchef begann. 1977 brachte Hessel seine erste Platte auf den Markt. Seine bekannteste Nummer dürfte „Terug naar Terschelling" sein: Der Song schaffte es sogar in die niederländischen Top 40. Inzwischen ist auch Hessels Tochter Tess mit eingestiegen und tritt gemeinsam mit ihrem Vater in De Groene Weide auf – und zwar rund 260-mal pro Jahr! Inzwischen sind die beiden so bekannt, dass sie sogar schon einmal den berühmten Ziggo Dome in Amsterdam füllten.

› **Zonneweelde** €€ <85> Dorpsstraat 40, Tel. 0562 448931, https://zonneweeldets.nl, geöffnet: tägl. 10–22 Uhr. Klasse für Familien mit Kindern, denn zum Restaurant gehört ein großer Spielplatz. Zu essen gibt es Sandwiches, Suppen, Salate und Hamburger.

Einkaufen

› **Atelier GlasGoed** <86> Dorpsstraat 92A, Tel. 0562 449912, www.glasgoed.nl, geöffnet: Mo–Sa 10.30–17 Uhr. Ganz gleich, ob man das Atelier besuchen oder selbst aktiv werden möchte – hier spielt Glas die Hauptrolle. Workshops zu den Themen Bleiglasfenster, Tiffany oder Glasfusing.

› **Broodwinkel De Bôltsjekoer** <87> Dorpsstraat 94B, Tel. 0562 450920, auf Facebook, geöffnet tägl. 8–16 Uhr. Bäckerei mit selbst gebackenem Vollkornbrot, Kuchen, Zimtschnecken, Brötchen, Croissants zum Mitnehmen oder Essen vor Ort. Herrlich: Es gibt auch Sauerteigbrot *(desem brood)!*

› **Het Olde Ambaecht** (s. S. 60): Fischräucherei

28 Oosterend ★★ [F3]

Am östlichen Ende der Insel liegt Oosterend – der Name deutet die Lage gut an. Doch so einsam und verlassen am Ende der Welt, wie man vermuten könnte, ist das Dorf gar nicht. Denn hinter Oosterend beginnt das ausgedehnte Naturschutzgebiet Boschplaat 32, das vermutlich jeder Terschelling-Besucher einmal erkunden möchte.

Auch in früheren Zeiten war Oosterend alles andere als das verlassene Ende der Insel. Hier befand sich nämlich einst der **Hafen** des Eilands und so war Oosterend zu jener Zeit das, was heute West-Terschelling 1 ist: der Zugang der Insel zum Meer und somit die Verbindung zum Rest der Welt. Denn bevor sich die Boschplaat mit der Insel vereinigte, grenzte Oosterend noch direkt an die Nordsee.

Heute präsentiert sich Oosterend als kleines, sehenswertes Dorf mit **nur wenigen Häusern.** Hier findet man den **Schafbauernhof de Zeekraal** (s. S. 66) mit einem kleinen

051te-ug

Hofladen und der Möglichkeit, draußen etwas zu essen und zu trinken. Weiterhin lädt das Traditionsrestaurant **De Heeren van der Schelling** (s. S. 66) zu Kaffee und Kuchen bzw. Mittag- oder Abendessen ein.

Wer vom Dorf gen Norden zum Meer fährt, der gelangt zum **Heartbreak Hotel** 31, dem wohl bekanntesten und außergewöhnlichsten Strandrestaurant der Insel – wenn nicht sogar der gesamten Watteninseln!

Eselwanderungen, Ausritte und Kutschfahrten veranstaltet der Anbieter Puur Terschelling (s. S. 65).

29 Hoornerkooi (Entenkoje) ★ [F3]

Die Insulaner ließen sich gerne mal einen Entenbraten schmecken und deshalb gab es früher sieben Entenkojen auf der Insel.

Eine **Entenkoje** erleichterte früher das Fangen von Wildgeflügel. In einer Entenkoje fing man **Wildenten**, die während der Vogelflugzeit auf Terschelling eine Pause einlegten und sich auf einem **kleinen Weiher** niederließen. Von dort wurden sie in einen immer enger werdenden Trichter gelockt und schließlich gefangen. Wildenten werden hier heute natürlich nicht mehr gefangen, aber die historische Entenkoje wurde wieder hergerichtet und ist eine Stippvisite wert. Man sieht den Weiher, versteckt im Wald, und kann hinter einer Holzwand die Vögel auf dem Wasser beobachten. Am Anfang steht eine **Informationstafel.**

› Oosterend 1A, erreichbar über den Buterpollepad

◁ *Elvis, der alte Herzensbrecher, ist im Heartbreak Hotel allgegenwärtig*

30 Kaapsdune ★ [F3]

Eine 21,6 m hohe Aussichtsdüne im Nordwesten von Oosterend, von der aus man sowohl die Nordsee als auch das Wattenmeer sehen kann.

Es ist schon etwas verwirrend: gleich **zwei Kaapsdünen** auf einer Insel, eine in West-Terschelling 1 und eine in Oosterend. Der Name stammt von den *kapen,* den **Baken,** die auf solchen Dünen standen und den Schiffen zur Orientierung dienten.

Man muss sich die **fantastische Aussicht** allerdings erst einmal erkämpfen, denn es geht über eine **Treppe** hoch hinauf. Doch oben angelangt, wird man mit einem einmaligen Panoramablick belohnt. Weil die Insel hier auf der Ostseite schmaler ist als im Westen, kann man sowohl die Nordsee als auch das Wattenmeer erblicken. Ferner sieht man die Boschplaat 32, die Dünen und die Polderlandschaft (s. S. 101). Eine **Bank** lädt zum Ausruhen ein, ein **Fernglas** ermöglicht Weitblick.

› **Wegbeschreibung:** Radweg entlang der Dünen, Abzweigung auf Höhe des Schafbauernhofs Zeekraal (s. S. 66)

31 Heartbreak Hotel ★★★ [G2]

Eigentlich ist es ja nur ein Strandrestaurant. In Wahrheit ist es eine Institution auf der Insel, die sich aufgrund ihrer Originalität bis weit aufs Festland einen Namen machen konnte.

Die große Strandbar steht auf **Pfählen** am Strand und wenn man sich ihr nähert, wird eines deutlich: Hier spielt **Elvis** die Hauptrolle: Elvis als Büste, Elvis auf Postern, Elvis als Statue ... und drumherum ist alles im Stil eines **amerikanischen Diners** der 1950er-Jahre eingerichtet und in pastellfarbenen Tönen gehalten. Natürlich

Mein Tipp

Eine Scheune für das Seegras

Vom Wattenmeer kommend und auf dem Dwarsdijk in Richtung Boschplaat ㉜ fahrend, entdeckt man zur Rechten die **„Algenscheune“.** Bis in die 1930er-Jahre wuchs noch viel **Seegras** im Wattenmeer, das man als Matratzenfüllung, zum Isolieren der Häuser und sogar für den Deichbau einsetzte. Durch eine Krankheit verschwand das Seegras so gut wie vollständig. In der Wierschuur wurde das Seegras einst zu Rollen gepresst und dann gelagert. Heute dient die einstige Scheune als **Gruppenunterkunft.**

› **De Wierschuur,** Dwarsdijk 2, www.dewierschuur.com

zeigt sich das amerikanische Flair auch auf der Speisekarte: Man trinkt ein Bud XL und isst hausgemachte Hamburger mit Pommes. Und weil wir auf Terschelling – der Beereninsel – sind, wird auch Terschellinger Rinderburger mit Cranberry-Port-Chutney angeboten. Für Vegetarier gibt es eine fleischlose Variante und für Leute mit großem Hunger die Double- und Triple-Version. Zum Nachtisch locken American Pancakes, selbstverständlich mit Cranberry-Kompott. Elvis und Terschelling passen kulinarisch bestens zusammen!

› Badweg 71, Tel. 0562 448634, https://heartbreak-hotel.nl, geöffnet: tägl. 10–21 Uhr

Strand

Oosterend hat einen **riesigen Nordseestrand,** der sich bis zur Ostspitze hinzieht und zu den breitesten der Niederlande zählt. Wer sich wundert, wohin die Leute vom **Heartbreak Hotel** ㉛ in Richtung Osten wandern: Nach einem rund 1½-stündigen Fußmarsch stößt man auf das **Drenkelingenhuisje** ㉝, eine der schönsten Sehenswürdigkeiten der Insel. Natürlich kann man auch einfach am Strand liegen bleiben, sich Burger und Pommes im Heartbreak Hotel schmecken und die Sonne auf die Nase scheinen lassen.

Der Strand von Oosterend ist **mit dem Auto oder Fahrrad** über den **Badweg Oosterender** erreichbar, man nimmt den Abzweig beim Restaurant De Heeren van der Schelling (von dort aus beträgt die Entfernung ca. 2,2 km).

Infos und Reisetipps

› **Ortswebsite:** www.terschellingoosterend.nl mit einer Übersicht aller Unterkünfte und Restaurants (nur auf Niederländisch)

› **Busverkehr:** Bushaltestellen gibt es vor dem Vakantiepark Tjermelan, in der Ortsmitte und an der Wierschuur, dem Beginn der Boschplaat (Details s. S. 130).

› **Fietsverhuur Zeelen in Oosterend** <88> Oosterend 8, Tel. 06 11015687, www.fietsverhuur-oosterend.nl, geöffnet: tägl. 9–18 Uhr. Reichlich Auswahl an verschiedenen Rädern, darunter auch *omafiets* (Hollandrad), E-Bikes und Zubehör wie Kinderanhänger.

› **Vilten op Terschelling** <89> Oosterend 59a, Tel. 06 23226022, www.viltenopterschelling.nl. Alie Oosterloo bietet Filz-Workshops in ihrem Atelier in Oosterend an.

Unterkünfte

› **Camping De Duinkant** € <90> Oosterend 65, Tel. 0562 448917, www.campingdeduinkant.nl, geöffnet. April–1. Nov. **Einladender Campingplatz am Dorfrand:** am östlichen Ende Oosterends nahe der

Boschplaat gelegener Platz mit 51 Stellplätzen, verteilt auf drei Bereiche. Ebenfalls auf dem Gelände: 5 Ferienwohnungen für 2–5 Personen und hübsch eingerichtete Tunnelzelte für 4 Personen zum Mieten.

- **Camping 't Wan-tij** € <91> Duinweg, Oosterend 24, Tel. 0562 448522, www.wantij-terschelling.nl, ganzjährig geöffnet. **Kleiner, ruhig gelegener Platz im Dorf:** nahe der Boschplaat und dem Wattenmeer. Stellplätze für Zelte und Wohnwagen, auch gut eingerichtete Safarizelte, Ferienhütten und -wohnungen. Kleiner Campingladen. Alle Stellplätze verfügen über Stromanschluss und kostenloses WLAN, warme Dusche gegen Bezahlung. Hunde sind erlaubt, allerdings nur angeleint. Während der Hochsaison Aktivitäten für Kinder.
- **Puur Terschelling** €€ <92> Oosterend 39, Tel. 0562 449487, https://puur-terschelling.nl/logeren-bij-de-boer. **Der Traum eines jeden Pferdeliebhabers:** Übernachten in einem luxuriösen Dünenzelt, umgeben von 30 Pferden, Lämmern und Hunden. Nach einer Nacht mit Blick in den Sternenhimmel (die Zelte haben Fenster im Dach) kann es am nächsten Morgen losgehen mit einem Ausritt durch die Dünen bis zum Strand. Wieder zurück von einem spannenden Tag geht's in die Sauna oder die Hot Tub, während die Kinder sich auf dem Trampolin oder dem Spielplatz austoben. In den kälteren Monaten wird im Gemeinschaftsraum der große Kamin eingefeuert. Es steht auch eine Ferienwohnung zur Verfügung.
- **Safarizelte auf dem Schafbauernhof de Zeekraal** €€€ (s. S. 66), Oosterend 17, www.wiesenbett.de/standort/de-zeekraal. **Familiengerechtes Glamping mit Flair:** Die Wiesenbett-Zelte stehen in ganz Europa auf Bauernhöfen, die dafür eine Grasfläche zur Verfügung stellen. Die großen Leinenzelte sind sehr gemütlich und komfortabel eingerichtet, verfügen über echte Betten, Kochzeile, Essecke und eine Toilette. Die Dusche ist entweder im Bauernhaus oder in einem separaten Gebäude. Alles in allem ein echtes Erlebnis, vor allem wenn man mit Kindern unterwegs ist und auf Komfort beim Zelten nicht komplett verzichten möchte. Babybett und Kinderhochstuhl gibt es vor Ort, pro Unterkunft sind zwei Hunde willkommen.
- **Vakantiepark Tjermelan** €€ <93> Oosterend 2, Tel. 0562 448484, www.terschelling-recreatie.nl (unter „Onze parken"). **Service und ökologisches Bewusstsein:** Der Ferienpark besteht aus einem „Hotel" mit schönen Apartments für 2 Personen, teilweise mit Sauna. Dort steht ein Hotelservice zur Verfügung, d. h. es gibt Frühstück, Zimmerreinigung und regelmäßig frische Handtücher. Weiterhin stehen Bungalows mit Terrasse für

Übernachten auf dem Pferdehof: Puur Terschelling

053te-ug

4 oder 6 Personen zur Wahl. Der Ferienpark bietet ein eigenes Restaurant, einen Fahrradverleih (auch E-Bikes), einen Spielplatz und im Sommer ein Kinderprogramm. Seit 1990 ist der Ferienpark gasfrei und erzeugt seinen Strom mit Sonnenkollektoren. Es gibt einen Solar-Warmwasseraufbereiter für Waschküche und Küche, zudem wird die Restwärme aus dem Kühlhaus genutzt. Die Unterkünfte werden mit nachhaltigen Reinigungsmitteln gesäubert, Regenwasser wird zur Bewässerung der Pflanzen aufgefangen.

Essen und Trinken

› **De Heeren van der Schelling** €€€ <94> Oosterend 43, Tel. 0562 448780, https://deheerenvanderschelling.nl, geöffnet: Mo 10.30–18, Di–So 10.30–22 Uhr. Die meisten Terschellingbesucher kommen hier vorbei, denn das romantische Haus steht am Dorfausgang am Weg zur Boschplaat und der Restaurantgarten mit Sonnenterrasse sieht ungemein gemütlich und einladend aus. Drinnen geht es sehr urig zu: In einer historischen Scheune mit dunklen Balken und reich verzierten, antiken Messinglampen kann man sich das Essen in original friesischer Inselatmosphäre schmecken lassen. Auf der Karte stehen Gerichte der Saison wie Spargel, Lamm und Wildente. Im Sommer wird auch mal der Grill angeworfen. Seit 15 Jahren ist das Restaurant ein Familienbetrieb und auf der Insel eine Institution.

› **Eilandbistro De Boschplaat** €€€€ <95> Oosterend 14, Tel. 0562 448821, https://eilandbistro.nl, geöffnet: Mi–So 10–22 Uhr. Ein Stück Paris im Polder. In der Tat ist das Restaurant wie ein französisches Bistro eingerichtet, mit runden Marmortischen und klassischen Bistrostühlen. Zu essen gibt es tagesfrische Inselprodukte, z. B. Steak Tatar von Rindern, die auf der Boschplaat weiden. Aus dem Wattenmeer stammen Muscheln, Austern und *zeekraal* (Queller), aus der Nordsee Seebarsch und Schwertmuscheln. Dazu gibt es passende Weine. Empfehlenswert: der köstliche Hauswein zum fairen Preis. Die Küche ist gehoben. Während des Kulturfestivals Oerol (s. S. 88) trifft sich hier die Prominenz zum Lunch, aber auch für alle anderen Inselbesucher ist das Bistro ein beliebter Anlaufpunkt, wenn man mal vom typisch holländischen Essen Abstand nehmen möchte. Bitte beachten: In der Hochsaison sind die Tische schnell ausgebucht und man sollte rechtzeitig reservieren, v. a. am Wochenende.

Einkaufen

› **Schafbauernhof de Zeekraal** <96> Oosterend 17, Tel. 0562 449278, www.dezeekraal.nl, geöffnet: April–Okt. tägl. 10.30–18 Uhr. Der Schafbauernhof am Ortseingang von Oosterend ist an den großen Metallfiguren erkennbar, die Vögel und Pflanzen darstellen. Produziert wird hier biologischer Schafskäse. Im Hofladen gibt es hausgemachtes Eis, den hofeigenen Schafskäse (Alt und Jung), Seifen aus Schafsmilch, Schafswürste, Scellinger Bier und weitere Produkte wie Schafsfell oder Wollpullover. Spezialität des Hauses ist übrigens der Bunker-Käse namens Grijze Duinen, hergestellt aus Rohmilch von der Kuh. Er reift in einem der Bunker des Zweiten Weltkrieges heran und erhält durch die Feuchtigkeit eine graue, schimmelige Kruste, die ihm ein besonderes Aroma verleiht. Auch für Kinder ist ein Ausflug hierher spannend, vor allem wenn die Schafe von der Weide in den Stall getrieben und dort gemolken werden (tägl. um 16/17 Uhr). Das lässt sich draußen von einer kleinen Brücke und drinnen durch eine Glasscheibe beobachten.

054te-ug

32 Naturschutzgebiet Boschplaat ★★★ [H2]

Die Boschplaat ist ein 4400 ha großes Naturschutzgebiet, das den gesamten Osten der Insel einnimmt. Eine Bebauung gibt es hier nicht, dafür aber reichlich Sand, Dünen und Salzwiesen.

Anders als es die Bezeichnung „Bos" („Wald") vermuten lässt, gab es hier in früheren Zeiten keine Bäume; „Bosch" ist ein altertümlicher Name für „Düne". Die Boschplaat war einmal eine **Sandbank,** die im 17. Jahrhundert an Terschelling „angewachsen" ist. Diese war lange Zeit so gut wie nicht begehbar. Zu tief war der Treibsand, zu nass waren die Dünentäler. Daher beschloss man in den 1930er-Jahren, als eine Art Arbeitsbeschaffungsmaßnahme einen Deich anzulegen, um das Gebiet vor Überschwemmungen zu schützen und dahinter **Ackerland** zu gewinnen.

Mithilfe eines **Triftdeichs,** also eines Damms, wollte man die Sandebene festigen – und zwar mit einem Trick: Anstatt mühsam Sand aufzuschütten, ließ man die Natur die Arbeit machen. Und das geht so: Am Strand setzt man parallel zur Küste eine lange Reihe aus Schilf und Weidenzweigen in den Sand. Der Wind weht nun den Sand gegen den Schilfzaun, im Windschatten lässt sich der Sand nieder. Ist ein solcher Windschirm komplett von Sand bedeckt, wird auf der Minidüne eine weitere Reihe aus Zweigen gesetzt. Ist die Düne groß genug, wird sie mit Strandhafer bepflanzt und gefestigt. Auf diese Weise entstand an der Nordseite der Boschplaat ein natürlicher Deich, der **Stuifdijk.**

Zu einer Umwandlung des Gebietes in Ackerland ist es übrigens nie gekommen. Nach dem Zweiten Weltkrieg waren andere Projekte wichtiger. Und so nahm sich die Natur dieses Gebiet zurück. Weil noch immer **Meeresarme** (sog. *slenken*) vom Wattenmeer aus in die Boschplaat hineinreichen, wird das Gebiet während Sturmperioden regelmäßig über-

Immer geradeaus gen Osten geht's zur Boschplaat

Die Vogelwächter

Es gibt **zwei Vogelwarthäuschen (Boswachterhuisje)** im **Naturschutzgebiet Boschplaat** (32): eines bei **Paal 22** in der Nähe des Drenkelingenhuisje (33) (s. Wanderung 1 auf S. 83) und eines am **östlichen Ende der Boschplaat.** Zwei ehrenamtliche Vogelwärter verbleiben jeweils eine Woche lang in den Häuschen: Sie behalten das Gebiet im Auge, damit niemand ins Naturschutzgebiet hineinmarschiert. Außerdem geben sie **Auskunft,** beispielsweise über hier brütende Vögel, die in den Dünen lebenden Rehe und das Dünengebiet insgesamt.

Für **Notfälle** verfügen die Naturschützer über einen Defibrillator, ein Erste-Hilfe-Set und Trinkwasser.

schwemmt, weshalb dort nur **salzwasserresistente Pflanzen** gedeihen.

Die Gebiete südlich des Deichs sind **von Mitte März bis Mitte August gesperrt,** denn dann ist die **Brutsaison** der Vögel. Die Boschplaat zählt zu den wichtigsten **Vogelschutzgebieten** der Niederlande. Hier lassen sich nicht nur Millionen Zugvögel zum „Auftanken" nieder. Es treffen auch Tausende von Vögeln zum Brüten ein, darunter Möwen, Kormorane, Löffler, Nachtigallen, Finken, Kohlmeisen, Eiderenten, Graugänse, Pfuhlschnepfen, Austernfischer, Turmfalken, Nilgänse, Wachteln, Zaunkönige, Gelbspötter, Rietsänger und etliche mehr – insgesamt sind es 90 Arten. Im Gebüsch der feuchten Dünentäler halten sich Blauborst, Rohrweihe, Rohrammer und Feldschwirl auf. Auf der Boschplaat kommen rund 40 Wattvogelarten vor, und zwar nicht nur vereinzelt, sondern in großer Anzahl. So wurden an einem einzigen Tag im Herbst zwischen **80.000 und 100.000 Wattvögel** gezählt.

Neben Dünen und Deichen gibt es auf der Boschplaat auch **Salzwiesen** (s. S. 100) und einen rund 100 ha große **Dünenwald,** der vor allem aus Birken, aber auch aus Ebereschen (Vogelbeere) und Eichen besteht. Im Jahr 2004 zerstörte ein großer **Brand,** der an zwei Orten auf der Boschplaat gleichzeitig ausbrach, eine Fläche von rund 60 ha, darunter 15 ha des Waldgebietes. Dutzende von Singvogelnestern fielen den Flammen zum Opfer. Einige Eiderenten, die ihr Nest nicht verlassen wollten und auf ihren Eiern sitzenblieben, verbrannten.

Das nordöstliche Ende der Boschplaat und somit auch der Insel trägt den passenden Namen **De Noordplaat.**

Aufgrund dieses außergewöhnlich großen, unberührten Dünen- und Schorrengebietes mit einer einzigartigen Flora und Fauna wurde der Boschplaat im Jahr 1970 das **„Europäische Diplom für geschützte Gebiete"** verliehen.

› **Erreichbarkeit:** Eine Bushaltestelle (Linie 1) und einen Parkplatz gibt es am Anfang der Boschplaat, am Ende des Duinwegs Oosterend. Am Stuifdijk führt der einzige Verbindungsweg über die Boschplaat in den Osten der Insel, zugänglich nur für Radfahrer und Wanderer (und die Autos der Naturschützer und Förster).

› **Tipp für Wanderer:** Am Anfang des Fahrradwegs zur Boschplaat führt bei der Abzweigung Knooppunt 38 (Knotenpunkt, erkennbar an der Beschilderung) rechts ein Weg ab durch Dünen und Heidefelder. Im August zur Blütezeit der Heide ist das Wandern hier besonders schön. Erst geht es wie durch eine Miniallee zwischen Bäumen hindurch, danach kommen die mit Heide bewachsenen Dünen.

33 Drenkelingenhuisje (Rettungshäuschen) ★★★ [H1]

Der Klassiker unter den Inselausflügen ist eine Tour zum Rettungshäuschen, das einsam und verlassen am langen, breiten Strand der Boschplaat 32 steht und früher Schiffbrüchigen („drenkelingen") Schutz bieten sollte.

Besonders eindrucksvoll ist der Anblick, wenn man vom Boschplaat-Wanderweg über die Düne zum Strand gelangt und von oben einen schönen Ausblick auf das kleine, helle **Holzhäuschen auf vier Pfählen** hat. Welch ein idyllischer Ort! Er ist derart romantisch, dass so mancher Mann hier schon auf die Knie ging und um die Hand seiner Angebeteten anhielt.

Zur **Geschichte** des Rettungshäuschens: Am 13. September 1865 erteilte der Innenminister der Niederlande die Genehmigung zur Errichtung einer Notunterkunft für Schiffbrüchige auf der Boschplaat. Denn an diesem Stückchen Strand wurden besonders viele Seeleute angespült, deren Schiffe vor der Küste Terschellings untergegangen waren. In dem auf Pfählen errichteten Rettungshäuschen gab es eine warme Decke und etwas zu essen sowie zu trinken. Außerdem konnte der Schiffbrüchige eine Signalflagge hissen, die auf ihn aufmerksam machte.

Während eines schweren Sturms im Winter 1953, der die Küste der Niederlande flutete und zu vielen Deichbrüchen führte, wurde auch das

Ein fantastisches Foto von der Milchstraße über dem Drenkelingenhuisje hat Maurice Haak geschossen. Das Foto ist online bei https://mauricehaak.ohmyprints.com/de bestellbar.

KURZ & KNAPP

Dark Sky Park Terschelling

Das Naturschutzgebiet Boschplaat 32 hat von der **International Dark-Sky Association IDA** die Auszeichnung Dark Sky Park erhalten. Ein Dark Sky Park ist ein Gebiet, das relativ frei von Lichtverschmutzung ist und einen **guten Blick auf den Sternenhimmel** ermöglicht. Bei klarem Wetter ist sogar die Milchstraße mit bloßem Auge erkennbar! Mit viel, viel Glück kann man ferner das **Nordlicht** entdecken, das auf Terschelling rund ein- bis zweimal pro Jahr zu sehen ist. Übrigens soll in den nächsten Jahren die Sonnenaktivität wieder zunehmen, wodurch die Wahrscheinlichkeit der Nordlichtsichtung steigt.

› https://darkskyterschelling.nl

Rettungshäuschen schwer beschädigt. Es konnte jedoch vor dem Untergang bewahrt werden und wurde anschließend renoviert. Nur neun Jahre später fiel es erneut einem Sturm zum Opfer. Der **Kulturhistorische Verein** der Insel ließ das Häuschen im Jahr 2000 im Strandabschnitt Paal 25 originalgetreu wieder aufbauen. 2015 war erneut Not am Mann: Das *huisje* geriet durch den sandigen Untergrund derart in Schieflage, dass es zu kippen drohte. Diesmal setzte man es nach der Renovierung näher an die Dünen, und zwar zwischen Paal 23 und Paal 24. Interessantes Detail: An den Außenwänden dienen zwei Kästen vorbeiziehenden Fledermäusen als Unterschlupf.

- Paal 23/24, Nordseestrand, Naturschutzgebiet Boschplaat 32
- **Wegbeschreibung zu Fuß:** Man lässt sein Auto oder Rad am Anfang der Boschplaat stehen und läuft zu Fuß weiter (s. Wanderung 1 auf S. 83). Der Weg führt hinter einer großen Dünenreihe gen Osten. Auf der rechten Seite des Wanderwegs befindet sich ein Vogelschutzgebiet, das zwischen Mitte März und Mitte August nicht zugänglich ist. Weitere Möglichkeit: zu Fuß vom Heartbreak Hotel 31 aus über den Strand und zurück.
- **Anfahrt mit dem Rad:** Wer ein Mountainbike oder ein gutes E-Bike hat, kommt damit ein ganzes Stück weiter in die Boschplaat hinein, muss sich aber über sandigen Untergrund bzw. Gras und Holzspäne kämpfen und eine gute Kondition mitbringen. Das Fahrrad lässt man unterhalb der Düne stehen und überqueren diese zum Drenkelingenhuisje.
- **Anfahrt per Kutsche:** Wer sich die lange Wanderung sparen möchte, der kann sich in einer offenen Kutsche *(huifkar)*, die von mehreren Pferden gezogen wird, fahren lassen. Während einer Halbtagestour lassen sich so ganz bequem die Boschplaat und das Drenkelingenhuisje besichtigen. Es gibt mehrere Anbieter für die Kutschfahrten, z. B. Terpstra oder Puur Terschelling (s. S. 126).
- **Anfahrt mit dem Strandbus:** Ein überdachter Strandbus namens Jutter fährt über den Strand zum Drenkelingenhuisje, wo eine Kaffeepause eingelegt wird. Während der Fahrt werden Geschichten über gestrandete Schiffe, ihre Bergung und die Rettung von Schiffbrüchigen erzählt. Dauer: 1½ Std., Abfahrt: Parkplatz Heartbreak Hotel, online buchbar via https://strandbusterschelling.nl, via Tel. 0562 444060 oder über den VVV Terschelling (s. S. 118). Preis: Erw. 15 €, Kinder bis 9 Jahre 12,50 €, Hunde erlaubt.

Glückliche Kühe mit viel Platz im Naturschutzgebiet Boschplaat 32

056te-ug

TERSCHELLING AKTIV

057te-ug

Baden

Mit rund 30 Kilometern Strand hat Terschelling eine Menge Badevergnügen zu bieten. Entlang der gesamten **Nordwestküste** erstreckt sich **feinster Sandstrand,** an den sich **Dünen** anschließen. Selbst in der Hochsaison findet man immer ein ruhiges Fleckchen, eventuell muss man dafür aber ein paar Minuten Fußmarsch in Kauf nehmen.

Die Strände auf Terschelling haben keine Namen, sondern werden nach ihren **Strandaufgängen** benannt, zum Beispiel **Paal 8.** Dieses System wurde vom Rijkswaterstaat (Amt für Wasserwirtschaft) eingeführt und sorgt für eine Aufteilung in Zonen und eine bessere Auffindbarkeit.

Die **beliebtesten Strände** der Insel liegen bei West aan Zee [D3] und Midsland aan Zee [D–E3]. Das sind die einzigen beiden Ferienorte, die direkt am Nordseestrand liegen und zudem mit Auto und Bus gut erreichbar sind. Dort gibt es je ein Strandrestaurant (Paviljoen West an Zee, s. S. 38, und Paviljoen De Branding, s. S. 47) sowie diverse Wassersportmöglichkeiten.

Ruhige Strände finden sich im Süden zwischen Paal 2 und Paal 7 sowie im Norden auf der Boschplaat 32. Um dorthin zu gelangen, ist man zu Fuß allerdings eine Zeit lang unterwegs.

Im Gegensatz zu deutschen Stränden gibt es auf Terschelling **keine Strandkörbe.** Gegen Sonne und Wind behilft man sich mit Strandmuscheln oder Sonnenschirmen. **Toiletten** sind bei den Strandbars zu finden.

Vorseite: Wer mit dem Rad über den Strand düsen möchte, braucht breite Reifen

Es gibt keinen ausgewiesenen **FKK-Strand** auf Terschelling, denn die Strände dort sind derart groß und menschenleer, dass man sowieso recht ungestört bleibt. Nicht nackt baden sollte man allerdings rund um die Strandzugänge und Strandrestaurants.

Die **Wasserqualität** ist an allen Stränden der Insel hervorragend (3 Sterne). Weitere Informationen hierzu finden Interessierte auf der Website www.zwemwater.nl. Die **Wassertemperatur** liegt durchschnittlich im Juli bei 17 °C, im August und September bei 19 °C.

Die Nordsee ist mit **Vorsicht** zu genießen. Keinesfalls sollte man hier weit rausschwimmen. Die **KNRM,** die **Koninklijke Nederlandse Redding Maatschappij** (entspricht der Deutschen Gesellschaft zur Rettung Schiffbrüchiger bzw. der Deutschen Lebens-Rettungs-Gesellschaft an Land, s. S. 74) empfiehlt sogar, **nur bis Hüfthöhe** ins Meer zu gehen bzw. in dieser Höhe zu schwimmen, sodass man im Notfall immer Halt unter den Füßen hat. Grund dafür sind die sog. **Brandungsrückströme** *(muien).* Sie entstehen, wenn das Wasser zwar in gleichmäßigen Wellen am Strand ankommt, aber nur an einer Stelle zurückfließen kann, weil dem Strand vorgelagerte Sandbänke ein gleichmäßiges Abfließen verhindern. Diese Brandungsrückströme können Schwimmer **ins Meer hinausziehen.** Sie sind die häufigste Ursache für Badeunfälle in der Nordsee.

Die **Südostküste** von Terschelling grenzt an das **Wattenmeer.** Auf dieser Seite der Insel gibt es keinen Strand, bis auf einen kleinen Sandstreifen beim Nieuwe Dijk in West-Terschelling 1 in der Nähe von Hotel Bornholm und Stayokay (s. S. 33

058te-ug

u. S. 35). Ansonsten zieht sich entlang der Südküste ein befestigter **Deich.** Auch wenn man hier keine Sandstrände findet, hat dieser Küstenabschnitt durchaus seinen Reiz, denn die **Gezeiten** hinterlassen ihre Spuren und bei Ebbe kann man über den Meeresboden spazieren. Wer die Zeiten von Ebbe und Flut wissen möchte, kann an der Rezeption seines Hotels oder Campingplatzes nachfragen oder diese online prüfen:

- https://terschelling.org/de/gezeiten-ebbe-flut.php

Bei Regenwetter oder in der kalten Jahreszeit bietet sich ein Besuch im **Hallenbad** an:

- **Optisport Zwembad De Dôbe** <97> Sportlaan 7, West-Terschelling, www.optisport.nl/dobe, mit Kinderbecken, Wasserrutsche, Gastronomie und Außenterrasse

Die wichtigsten Strandaufgänge

- **Paal 8,** West aan Zee [D3]
- **Zwischen Paal 10 und 11,** Midsland aan Zee [D–E3]
- **Paal 12,** Formerum 20
- **Paal 14,** Hoorn 26
- **Paal 18,** Oosterend 28, auf Höhe des Heartbreak Hotel 31

Mit dem Auto zum Nordseestrand

Wer mit dem Auto zum Strand möchte, der findet an folgenden Strandabschnitten **kostenlose Parkmöglichkeiten:**

- **West aan Zee:** Parkplatz bei Paal 8, erreichbar über Badweg
- **Midsland aan Zee:** Parkplatz im Ort, rund 6 Gehminuten zum Strand
- **Formerum:** Zandzeebar (s. S. 53), erreichbar über den Badweg Formerum
- **Oosterend:** Heartbreak Hotel, erreichbar über den Badweg Oosterender

Sicherheitstipps

- Immer zwischen den **rot-gelben Flaggen** ins Wasser gehen, denn dort wird der Strandabschnitt von Rettungsschwimmern *(lifeguards)* überwacht.
- Die **Infotafeln mit Sicherheitstipps** am Strand genau durchlesen und sich bei Fragen an einen Rettungsschwimmer wenden.

Endlos lange und sehr breite Strände kennzeichnen Terschellings Küste – hier jener beim Drenkelingenhuisje 33

- Bei **Gefahr** ruhig bleiben und durch Winken auf sich aufmerksam machen.
- Gerät man in einen **Brandungsrückstrom,** dann sollte man nicht versuchen, hektisch zurück an den Strand zu schwimmen, sondern sich seitlich zur nächsten Sandbank treiben zu lassen.
- Bei ablandigem Wind sollte man keinesfalls mit der **Luftmatratze** ins Wasser gehen.

Die **Flaggen** am Strand bedeuten Folgendes:

- **Weiß mit Fragezeichen:** Ein Kind wird vermisst oder ein Kind sucht seine Eltern.
- **Gelbe Flagge:** Schwimmen kann gefährlich sein.
- **Rote Flagge:** Vom Schwimmen wird ausdrücklich abgeraten.
- **Keine oder grüne Flagge:** Schwimmen ist erlaubt, aber Vorsicht ist immer geboten.

Die Seenotretter der KNRM

Als Land der Seefahrer können die Niederländer auf eine lange Geschichte im Seerettungswesen zurückblicken. Rettungsbootgesellschaften sind seit 1824 aktiv, eine davon war die Noord- en Zuid-Hollandsche Redding Maatschappij, die 1991 in die KNRM (Koninklijke Nederlandse Redding Maatschappij) überging. Die KNRM kennt heute jedes niederländische Kind. Beim jährlich im ganzen Land ausgetragenen „Tag der offenen Tür" werden die Rettungsboote zu Wasser gelassen und es finden Vorführungen statt, inzwischen mit modernster Technik. Auf Terschelling ist die KNRM mit zwei Stationen vertreten: in West-Terschelling ❶ und am Strand bei Paal 8.

Im Jahr 1825 wurde das erste Rettungsruderboot im Hafen ❷ von West stationiert. Es sollte zehn Jahre dauern, bis es zum ersten Einsatz kam. Doch eine solche Aktion bedeutete für die ehrenamtlichen Retter auch eine große Gefahr – wie im Januar 1880, als fünf Rettungsleute bei einem Einsatz ums Leben kamen. Als 1908 erneut drei Menschen starben, wurde ein Rettungsboot angeschafft, das nicht mehr kentern konnte und als unzerstörbar galt: das Motorrettungsboot Brandaris. Es war daher ein Riesenschock für die Insulaner, als sich 1921 ein Unglück ereignete und die ganze Besatzung ums Leben kam. Im Jahr 1923 wurde dann die zweite Brandaris in Betrieb genommen, die bis 1960 im Einsatz war. Sie rettete 519 Menschenleben während 373 Einsätzen. Auf diesem legendären Schiff kann man noch heute eine Tour zu den Seehundbänken unternehmen (s. S. 127).

059te-knrm

Gefahr durch Tiere im Wasser

Quallen

Nach dem Kontakt mit einer Qualle – es gibt auch ein paar unangenehme Arten in der Nordsee wie z. B. die Feuerqualle – juckt oder brennt die Haut, doch so richtig gefährlich ist das nicht, es sei denn, man reagiert allergisch. Wird man von den Tentakeln einer Qualle berührt, sollte man die betroffene Hautstelle mit Essig übergießen oder mit Rasierschaum einsprühen (beides hat man am Strand wohl nicht dabei), aber die Strandwächterstationen haben Gegenmittel. Danach die Nesselfadenreste mit einer Pinzette oder der klebrigen Seite eines Pflasters entfernen, jedoch nicht mit Sand oder einem Handtuch noch stärker in die Haut einreiben.

An der niederländischen Küste kommen Quallen hauptsächlich bei Ostwind vor. Im Internet gibt es ein **Quallenradar** (www.kwallenradar.nl), der anzeigt, wo an der Küste wenig oder viele Quallen auftreten.

Kleiner Pietermann (Petermännchen)

Diesen Fisch, der sich in **flachen Strandgewässern** im Sand vergräbt, kann man leider bei einem Spaziergang in der Brandung oder beim Baden nicht sehen, doch glücklicherweise tritt er nur selten auf und verzieht sich, wenn Menschen in seiner Umgebung herumstampfen. Erwischt es einen dennoch und verspürt man einen **Stich**, dann kann das ordentlich wehtun. Das Einzige, was hilft, ist über 40 °C warmes Wasser, in das man die betroffene Körperstelle tauchen sollte (am besten bei einem Strandrestaurant nachfragen). Später dann mit Eiswürfeln kühlen. **Badeschuhe** können einem Stich vorbeugen.

Wassersport

Segeln und Bootfahren

Vom Heimathafen (2) im Ort West geht's mit dem **historischen Segelboot** hinaus zu den **Sandbänken** in Richtung Vlieland, wo regelmäßig **Robben** zu sehen sind. Zusammen mit der Crew darf man auch mitsegeln. Gesegelt wird täglich außer montags (oder wenn eine ganze Gruppe das Boot gemietet hat). Vorab sollte man via Website oder Telefon reservieren. Buchbar sind ferner Segeltörns mit Abendessen oder Drink am Nachmittag.

- **TerSailing** <98> Parnassiaweg 23, West-Terschelling, www.tersailing.nl, Tel. 06 57447545, Dauer: 2,5–3 Std., Abfahrt: 11 Uhr im Hafen von West, Preise: Erw. 29,50 €, Kinder bis 12 Jahre 15 €

Eine ganz besondere Art, das Wattenmeer aktiv zu erkunden, ist eine **Kanutour** (Mindestalter: 15 Jahre, Dauer: 1 Std.). Startpunkt ist der Grüne Strand (10). Es werden auch **Kanutouren zu den Robbenbänken** angeboten.

Die Gewässer um Terschelling sind ein ideales Segelrevier – auch wenn einmal Flaute herrscht

Gefährliches Gewässer: Seegatt Vlie

Das Seegatt Vlie [A5] („Seegatt" bezeichnet eine enge Fahrrinne im Meer) liegt zwischen Terschelling und Vlieland im Westen. Es gehört zu den mächtigsten Gezeitenströmen der Niederlande und wurde schon in römischen Aufzeichnungen erwähnt.

Die Beschaffenheit des Vlie sah vor Hunderten von Jahren noch anders aus als heute, denn früher gab es das IJsselmeer noch nicht. Der Fluss IJssel strömte um 800 durch einen See namens Almere weiter in Richtung Vlie. Durch verheerende Sturmfluten im 12. und 13. Jahrhundert bildete sich die Meeresbucht Zuiderzee – das heutige IJseelmeer – und das Vlie entwickelte sich zu einer der bedeutendsten Schifffahrtsrouten Europas, welche die Hansestädte der IJssel mit der Nordsee verband.

Diese Schiffsroute über das Vlie war zugleich eine der gefährlichsten der Welt. Durch die Kraft der Gezeiten wanderten Sandbänke und Untiefen – und mit ihnen die Fahrrinnen der Schiffe. So manches Schiff blieb im Schlamm stecken und sank.

Schon früh, um 1400, wurde deutlich, dass eine Kennzeichnung des Fahrwegs durch Bojen und Baken notwendig wurde. Dafür war lange Zeit die Stadt Amsterdam zuständig, die als Handelsmetropole ein großes Interesse an einer sicheren Durchfahrt in Richtung Nordsee und von dort weiter zu den Überseegebieten hatte.

Noch heute ist das Vlie keine einfache Schifffahrtsroute. Wer mit der Fähre oder dem eigenen Boot anreist, wundert sich über den Zickzackkurs, den die Bojen dem Kapitän weisen. Zum Glück kann man heute Baggerschiffe nutzen, die die Fahrrinnen zwar nicht gegen die Kräfte der Natur und des Wattenmeers neu anlegen, aber den bestehenden Fahrrinnen zumindest zu etwas mehr Tiefgang verhelfen können.

061te-ug

Der Veranstalter MooiWeer organisiert zudem Fahrten mit dem **RIB-Schnellboot**, bei denen man mit 55 km/h über die Nordsee fährt (Mindestalter: 12 Jahre, Dauer: 30 Min.). Treffpunkt hierfür ist der Fährhafen von West am Steg (Willem Barentszkade 5). Weitere Infos und Buchung beim Veranstalter:

- **MooiWeer** <99> Burgemeester Reedekerstraat 56b, West-Terschelling, Tel. 0562 444060, https://mooi-weer.nl

Immer beliebter an den niederländischen Küsten: das Kitesurfen

Wellenreiten, Stehpaddeln (SUP), Kitesurfen

Am Strand von **West aan Zee** [D3], unweit des Strandpavillons, werden Kurse im Wellenreiten (auf Niederländisch: *golfsurfen*) für Anfänger und Fortgeschrittene sowie **SUP-Touren** durch das Wattenmeer angeboten. Material kann vor Ort geliehen werden. Nähere Infos gibt es auf der Website oder im Surfshop in West-Terschelling:

- **Surfvillage Shop** <100> Boomstraat 25, West-Terschelling, Tel. 06 25110280, http://surfvillage.nl, geöffnet: Mo–Sa 10.30–17 Uhr

Am Strand von **Formerum** 20 veranstaltet der Anbieter MooiWeer (s. S. 76) **Surfkurse**, Treffpunkt ist die Zandzeebar (s. S. 53). Auch **SUP** ist im Angebot, und zwar auf dem **Dünensee Duinmeertje van Hee** [D4]. Details und Buchung:

› https://mooi-weer.nl/activiteiten/golfsurfen

› https://mooi-weer.nl/activiteiten/suppen

Eine der beliebtesten Wassersportarten auf Terschelling ist das **Kitesurfen.** Wer es erlernen möchte, findet hier ideale Voraussetzungen. Im Rahmen einer Schnupperstunde oder eines Intensivkurses lernt man alles über Sicherheit, Wetter, Surfrevier und natürlich die Kontrolle über Kite und Board zu behalten. Aber auch erfahrene Kitesurfer kommen auf ihre Kosten. Außerdem ist **Wingsurfen** im Angebot, bei dem der Surfer auf seinem Board mithilfe eines aufblasbaren Flügels vorangetrieben wird. Bei den richtigen Windverhältnissen kann man zudem den **Downwinder** nutzen: Dabei fährt man mit dem Wind die 30 km lange Küste von Terschelling ab.

063te-ug

- **Kitesurfschool Seven Oceans** <101> Rozenland 1, Midsland, www.kitesurfen-op-terschelling.nl, Tel. 06 12821944, geöffnet: April–Okt. tägl. 9–18, Juli/Aug. bis 21 Uhr. Schnupperstunden, mehrtägige Surfkurse, Privatstunden für Anfänger und Fortgeschrittene, maximal zwei Schüler pro Lehrer.

Radfahren

Kaum irgendwo auf der Welt wird mehr Rad gefahren als in den Niederlanden – und das gilt auch für Terschelling. Das Fahrrad ist mit Abstand das schönste Fortbewegungsmittel auf der Insel. Denn damit kommt man an Orte, die mit dem Auto nicht erreichbar sind. Zum **Strand von Hoorn** 26 führt beispielsweise nur ein Radweg (nied. *fietspad*). Auch der Weg am **Wattenmeerdeich** kann nur zu Fuß oder per Rad erkundet werden (s. Radtour 2).

Mit dem Fahrrad gelangt man zu den schönsten Flecken der Insel

Routenverlauf im Inselplan
Die hier beschriebenen Radtouren sind mit einer farbigen Linie im Inselplan eingezeichnet.

Ein **E-Bike** kostet rund 20 € am Tag, ein normales Sieben-Gänge-Fahrrad um die 8 €. Ein sogenanntes *backfiets,* ein **Lastenrad**, eignet sich für den Transport eines oder mehrerer kleiner Kinder. Vermietet werden auch **Anhänger**, um beispielsweise Gepäck zu transportieren und Kinder oder einen Hund mitzunehmen.

Angesichts des **Gegenwindes** empfiehlt es sich generell, ein **E-Bike** zu wählen, vor allem wenn man sich für eine Tour am Wattenmeerdeich entscheidet. Auch das Radfahren durch die Dünen kann ordentlich in die Beine gehen. Gut zu wissen: Überall auf der Insel und in den Hotels gibt es **Aufladestationen** für E-Bikes.

Fahrradverleihe findet man in allen Dörfern des Eilands. Der Fahrradverleih **Zeelen** ist der größte Anbieter. Die Firma betreibt insgesamt fünf Filialen: in Midsland-Noord, Formerum, Lies und Oosterend. Konkrete Adressen von Fahrradverleihfirmen stehen im ersten Teil des Buches jeweils unter „Infos und Reisetipps“.

Radtour 1: Zur Einstimmung zum Strand

Startpunkt ist im Hauptort **West** ❶. Die Willem Barentszkade, eine Uferstraße, die am **Fährhafen** beginnt, führt geradeaus weiter in den Dennenweg, von dem nach rund 100 m rechts der **Longway** (s. S. 79) abzweigt. Dieser bringt Radfahrer erst auf Asphalt, dann über einen Muschelweg durch den **Küstenwald**, der sich später Richtung Meer öffnet und in die Dünen übergeht. Nach 17 Min. Fahrzeit (6,8 km) empfängt einen der weiße **Nordseestrand**, wo man im **Paviljoen West aan Zee** (s. S. 38) einen Kaffee oder ein warmes Essen mit Meerblick genießen kann.

Von **West aan Zee** [D3] nimmt man die Abzweigung links und radelt zunächst gen Osten. Der Fahrradweg zieht sich weiter nach Süden durch die **Dünen**, vorbei am Aussichtspunkt Midsland-Noord. Nach rund einer Viertelstunde (5,2 km) ist das idyllische Dorf **Midsland** ⓰ erreicht, wo man sich in der Hauptstraße **Oosterburen**, die an der Kirche beginnt, unbedingt einen Kaffee in der Kaffeerösterei **De Ouwe Smidte** (s. S. 47) gönnen sollte. Wer noch nichts gegessen hat, findet im Dorf eine große Auswahl an Restaurants und Cafés.

065te-ug

> **Charakter:** einfach, bis auf ein paar Dünen und eventuell Gegenwind. Ideal, um sich nach der Ankunft einen ersten Eindruck von der Insel zu verschaffen und Dünen, Strand und Inselmitte kennenzulernen.
> **Ausgangs- und Endpunkt:** West-Terschelling 1, Fährhafen [C4]
> **Länge:** ca. 20 km
> **Dauer:** 1 Std. (ohne Pause)
> **Einkehr:** Paviljoen West aan Zee (s. S. 38) ca. in der Mitte der Tour

Kurz vor dem Ende der Oosterburen führen der Oude Terpweg und der sich anschließende Seerijpweg gen Süden zum **Wattenmeer** (5 Min., 1,5 km), wo eine große, vogelreiche **Salzwiese** den Übergang zwischen Deich und Meer bildet. Mit einem Fernglas lassen sich mit etwas Glück **Löffler** (s. S. 102) entdecken. Zurück zum Ausgangspunkt in West radelt man, rechts abbiegend, entlang des **Wattenmeerdeiches.**

Radtour 2: Wattenmeerdeich und Dorfidylle

Den Radfahrern ist eine Aussicht vorbehalten, die Autofahrer nicht erleben können: Direkt am **Wattenmeer** entlang führt ein **Radweg** vom Westen der Insel bis in den Osten zum Dorf Oosterend 28, wo das **Naturschutzgebiet Boschplaat** 32 beginnt.

Von der Willem Barentszkade am **Fährhafen** von **West** 1 zweigt beim Bojenhof der **Dellewal** ab, ein Radweg entlang des Jachthafens und

Radtour 2 führt zu den Schorren am Strieper Polder (s. S. 80)

KURZ & KNAPP

It's a long way ...

Falls Sie sich wundern, wie eine Straße und ein Fahrradweg auf einer niederländischen Insel zu ihrem englischen Namen kamen ... das ist die Geschichte hinter dem **Longway** [C3–4]: Während des Ersten Weltkriegs war die Armut auf Terschelling groß. Als Arbeitsbeschaffungsmaßnahme ließ man junge, arbeitslose Männer den sandigen Pfad zwischen West-Terschelling 1 und dem Strand in einen **Muschelpfad,** einen befestigten Weg, umwandeln. Schließlich wollte man dort – nach dem Vorbild anderer Seebäder – einen Badepavillon errichten. Da zu jener Zeit das **Soldatenlied „It's a long way to Tipperary"** unter den Briten sehr beliebt war, sangen es auch die Muschelpfadarbeiter fröhlich vor sich hin. Zwar liegt Tipperary im Süden Irlands, aber dennoch haben es die Briten nach Terschelling gebracht.

> **Charakter:** einfach, sofern es keinen Gegenwind gibt. Empfehlenswert ist ein E-Bike.
> **Ausgangs- und Endpunkt:** West-Terschelling 1, Fährhafen [C4]
> **Länge:** 30 km
> **Dauer:** ca. 1½ Std.
> **Einkehr:** in West-Terschelling am Anfang oder Ende der Tour oder in Oosterend 28 etwa zur Mitte

später des Wattenmeers. Verfahren ist nicht möglich: Es geht zickzack die **Küstenlinie** an der Außenseite des Wattenmeerdeichs entlang, wodurch man immer einen **erstklassigen Blick aufs Meer** hat – und auf den Ort West-Terschelling, wenn man am **Aussichtspunkt** (erkennbar an

KURZ & KNAPP

Es regnet Austern

Bei einer Wanderung oder Radtour über den Wattenmeerdeich fallen **Austernschalen** in den Blick, die geöffnet auf dem asphaltierten Weg herumliegen. Wie gelangen sie dorthin? **Möwen** picken die Austern von den Austernbänken und lassen sie aus der Luft auf den harten Boden fallen, wo sie beim Aufprall aufspringen. Jetzt müssen die schlauen Möwen nur noch das weiche Austernfleisch herauspicken. Das Naturmuseum Ecomare auf Texel hat herausgefunden, dass die fliegenden Austernliebhaber bei dieser Methode fast immer erfolgreich sind: 90 % der herabfallenden Austern klappen tatsächlich auf.

den Steinskulpturen) anhält und den Blick zurück aufs Dorf und den Hafen richtet.

Nach rund 20 Min. sieht man am Rande des Wattenmeers den **Strieper Polder,** eine große Schorrenlandschaft mit Vögeln. Nach weiteren 25 Min. ist **Oosterend** erreicht – kurz vorher zweigt der Radweg bei der **Wierschuur** (s. S. 64) ins Inselinnere ab und man fährt auf der Hauptstraße wieder ein Stück gen Westen. Im Ort laden das Restaurant **De Heeren van der Schelling** oder das **Eilandbistro De Boschplaat** (beide s. S. 66) zu einer Stärkung mit ausgezeichnetem Essen ein.

Der **Rückweg** gen Westen verläuft auf dem Radweg entlang des **Hoofdwegs,** der Inselhauptstraße, die ungeachtet ihres Namens nicht sehr befahren ist und eine wunderschöne **Tour durch alle Inseldörfer** bietet. Dort wird das Auge mit romantischen Seefahrerhäusern, alten Kirchen und grasenden Pferden am Straßenrand belohnt.

Radtour 3: Landschaftliche Vielfalt

Vom Ausgangspunkt in **Oosterend** ㉘ geht's über den **Duinweg Hoorn** (nördlich der Hauptstraße) nach **Lies** ㉓ (ca. 10 Min., 3 km). An einer Kreuzung lockt rechter Hand das Gebäude der **Natuurschuur Lies** ㉔ – vielleicht hat der eine oder andere Lust, einen Blick in dieses Düneninformationszentrum zu werfen?

Genau hier zweigt rechts ein **Radweg gen Norden** ab. Man radelt weiter ins **Naturschutzgebiet Koegelwieck** ㉕, wo neben einem kleinen **See** vielleicht gerade die Orchideen blühen: der ideale Ort für eine Pause auf einer der **Bänke.**

Der Radweg verläuft weiter durch die offene Dünenlandschaft und schlängelt sich in Richtung Norden zum **Strand von Formerum** ⑳ (ca. 10 Min., 3,3 km). In der **Zandzeebar** (s. S. 53) kann man sich erfrischen, bevor der Weg geradeaus zurück ins Inselinnere über den Badweg in den Ortskern von Formerum führt. Dort lädt die **Koffiemolen** ㉑ in der alten Windmühle zu Kaffee und Cranberry-Kuchen ein (ca. 10 Min., 2,3 km).

- **Charakter:** leichte, abwechslungsreiche Tour durch Dünen, Dörfer und Polder sowie zum Strand
- **Ausgangs- und Endpunkt:** Oosterend ㉘ [F3]
- **Länge:** 14 km
- **Dauer:** ca. 1 Std.
- **Einkehr:** in den Orten Oosterend, Hoorn ㉖ und Lies ㉓, in der Zandzeebar (s. S. 53) am Strand oder in der Koffiemolen ㉑ im Ortskern von Formerum ⑳

Danach geht es weiter gen Süden. Man kreuzt die Hauptstraße (Hoofdweg) und radelt geradeaus in Richtung Wattenmeer, um die **Polderlandschaft** zu durchqueren. Kurz vor dem Wattenmeerdeich biegt man links in den Terpweg ab. Nun weisen **Metallschilder mit Vogelabbildungen** den weiteren Weg, denn wir befinden uns auf dem gut ausgeschilderten **Radweg** namens **Polderpracht**, errichtet vom niederländischen Vogelschutzbund. Dieser Fahrradweg führt mal links, mal rechts durch den Polder, vorbei an Feldern und Wiesen, in denen Vögel brüten. Im Frühling hört man hier ein einziges Zwitschern und Kreischen, denn hier leben Uferschnepfe, Kiebitz und Rotschenkel. Der Radweg Polderpracht führt einen schließlich zurück zum **Ausgangspunkt in Oosterend** (weitere 5 km).

Erlebnis- und informationsreich: der Radweg Polderpracht (Teil der Radtour 3)

Radtour 4: Inselrundfahrt

- **Charakter:** mittelschwer wegen der Steigungen in den Dünen und Gegenwind. Erst den Vogelreichtum und die Gezeiten des Wattenmeers hautnah erleben, dann die Dünen durchqueren und am Nordseestrand in einer Beachbar eine Pause einlegen.
- **Ausgangs- und Endpunkt:** West-Terschelling 1, Fährhafen [C4]
- **Länge:** 32 km
- **Dauer:** knapp 2 Std.
- **Einkehr:** viele Möglichkeiten, u. a. in den Strandbars

Los geht's in **West** 1 am **Fährhafen.** Zunächst radelt man auf der **Fahrradroute Nr. 2** am **Wattenmeerdeich** entlang bis nach **Oosterend** 28 (15 km). Im Anschluss geht es in westliche Richtung zunächst über die Hauptstraße und dann über den Duinweg Hoorn (der im weiteren Verlauf

Duinweg Lies heißt) entlang der Dünen nach **Lies** 23 (4 km).

In Lies biegt man an der **Natuurschuur** 24 nach Norden bzw. Richtung **Dünen** ab. Nach weiteren 11 Min. (3,3 km) hat man sich eine kulinarische Stärkung in der **Zandzeebar** (s. S. 53) am Strand verdient.

Gestärkt geht es über den Badweg Formerum wieder ein Stück zurück ins Landesinnere, dann wählt man die erste Abzweigung rechts nach **Midsland aan Zee** [D–E3]. Der Weg führt 1,5 km durch eine wunderschöne Dünenlandschaft. Wer noch keine Pause eingelegt hat, kann dies – rechts gen Meer abbiegend – im **Strandpaviljoen De Branding** (s. S. 47) nachholen.

Wieder zurück am südlichen Ortsausgang, führt der Radweg weitere 1,8 km durch die Dünen bis nach **West aan Zee** [D3]. Auch hier sind wieder ein Bad im Meer oder eine Erfrischung in der Strandbar **Paviljoen West aan Zee** (s. S. 38) möglich. Von West aan Zee führt der **Badweg West** in südliche Richtung in rund 20 Min. zurück nach West-Terschelling. Er mündet in die Hauptstraße, in die man links abbiegt und so **zurück zum Ausgangspunkt** kommt.

Wanderer finden auf Terschelling paradiesische Landschaften, hier ein Dünensee bei West aan Zee [D3]

Wandern

Das **Wanderwegenetz** auf Terschelling umfasst 200 Kilometer. Gekennzeichnet sind die Wanderwege durch **Pfosten**, auf denen sog. *knooppunten* („Knotenpunkte") in weißer Schrift in einem runden, schwarzen Feld stehen. Sie dienen der Orientierung.

Auf den Pfählen, aber auch auf Sitzbänken, ist außerdem ein rotes, rundes Feld mit einer weißen Nummer angebracht. Diese weißen Nummern dienen Einsatzkräften in **Notfällen** zur Ortung (s. S. 122).

Bitte beachten: Einige der Wanderwege teilt man sich mit **Radfahrern.** Daher sollte man aufeinander Rücksicht nehmen.

Tipp: Bei der Touristeninformation **VVV Terschelling** (s. S. 118) sind **Wanderkarten** und Übersichtspläne zu thematischen Wanderungen erhältlich, teilweise auch in deutscher Sprache. Empfehlenswert ist zum Beispiel die **Fiets- en wandelkaart van Terschelling (Rad- und Wanderkarte)** für 2,95 €, die sich auch über den Onlineshop beziehen lässt:

› https://webwinkelterschelling.nl/VVV-Fiets-en-wandelkaart-Terschelling

Routenverlauf im Inselplan
Die hier beschriebenen Wanderungen sind mit einer farbigen Linie im Inselplan eingezeichnet.

066te-ug

Wer des Niederländischen mächtig ist, findet auf der Internetpräsenz des niederländischen Forstamtes **Staatsbosbeheer** eine Auswahl an **Wanderrouten:**

› www.staatsbosbeheer.nl/Natuurgebieden/terschelling/Routes

Wanderung 1: Boschplaat und Drenkelingenhuisje

Manche Dinge muss man sich erarbeiten. Und dazu gehört das **Drenkelingenhuisje** 33, das im **Naturschutzgebiet Boschplaat** 32 einsam am Strand steht. Kein Beach-Restaurant, kein Kiosk weit und breit! Um so schöner ist es, wenn man Sonne und Wind getrotzt hat und nach 1,5 Std. Fußmarsch dieses hübsche Holzhäuschen auf Pfählen „erobert" hat. Es lohnt sich! Und eigentlich darf man die Insel nicht verlassen, ohne dem Rettungshäuschen einen Besuch abgestattet zu haben.

Und so kommt man hin: Vom Fahrradparkplatz wählt man zunächst die **Route rechter Hand hinter der Dünenreihe.** Der Weg entlang der Boschplaat führt am **Vogelwächterhäuschen** (s. S. 68) vorbei, das auf einer Düne bei **Paal 22** thront. Der Übergang zum Rettungshäuschen erfolgt über die Dünen und ist gar nicht so leicht zu erkennen. Schilder gibt es nicht. Anhaltspunkt: ein einfacher Fahrradabstellplatz aus Brettern – dort geht es hoch über die Dünen, auf der anderen Seite steht das Häuschen am langen Sandstrand.

Auf dem **Rückweg** spaziert man am **Strand** entlang. Auch hier ist der Abzweig zum Fahrradparkplatz nicht einfach zu erkennen, denn dieser liegt versteckt hinter den Dünen. Anhaltspunkt: ein Pfosten mit einem im Halbkreis geschwungenen Metalldraht.

› **Charakter:** mittelschwer, wegen der Dünenüberquerung. Der Wanderklassiker auf der Insel mit dem romantischen Rettungshäuschen am Strand als Höhepunkt.
› **Ausgangs- und Endpunkt:** Fahrradparkplatz Boschplaat 32 [G2]
› **Länge:** 9 km
› **Dauer:** 3 Std. (hin und zurück)
› **Höhenunterschied:** 30 m
› **Einkehr:** unterwegs keine, Proviant mitnehmen, auch auf ausreichend Sonnen- und Regenschutz achten, da der Weg ungeschützt ist
› **Anfahrt:** per Rad oder Auto bis zur Boschplaat, dort stehen Parkplätze bereit. Den Fahrradparkplatz findet man, wenn man ein Stück weiter in das Naturschutzgebiet hineinfährt.
› **Tipp:** Es gibt **zwei Möglichkeiten,** vom Fahrradparkplatz zum Drenkelingenhuisje 33 zu gelangen: auf dem Fußweg, der hinter der Dünenreihe liegt (rechts), oder über den Strand (links). Am schönsten ist es, beide Wege zu kombinieren.

Wanderung 2: Doodemanskisten und Aussichtsdünen

Startpunkt der Wanderung ist die Strandbar **De Walvis** (s. S. 36) am **Grünen Strand** 10. Man sollte der einladenden Strandbar noch etwas widerstehen – in einer Stunde ist man zurück am Startpunkt und kann sich kulinarisch verwöhnen lassen.

Der Weg führt entlang der früheren **Westgrenze** von Terschelling, bevor 1866 die Sandbank **Noordsvaarder** an die Insel heranwuchs und diese um ganze 1000 ha vergrößerte. Von der **Seinpaalduin** 11, die man bei dieser Wanderung noch erklimmen wird, ist das Gebiet gut zu erkennen.

- **Charakter:** mittelschwer, wegen der Dünenbesteigung. Man bestaunt die Weite des Grünen Strandes (10) in Kombination mit zwei schönen Aussichtsdünen, die einen Rumdumblick über den Ort West-Terschelling (1) und das Naturgebiet Noordsvaarder gewähren.
- **Ausgangs- und Endpunkt:** Strandbar De Walvis am Grünen Strand [C4]
- **Länge:** 4 km
- **Dauer:** 1 Std.
- **Höhenunterschied:** 31 m
- **Einkehr:** Strandbar De Walvis (s. S. 36) zu Beginn oder aber am Ende der Tour
- **Anfahrt:** per Fahrrad oder Auto (Parkplätze an der Strandbar)

Zu Beginn läuft man an der Strandbar Walvis vorbei auf dem **Fuß-Rad-Weg** entlang des Grünen Strandes gen **Norden.** Am Wegesrand stehen ein paar Apfelbäume, die aus weggeworfenen Kerngehäusen gekeimt sind.

Am rot gekennzeichneten **Wegweiser** ist zu erkennen, dass es nun rechts in östlicher Richtung weitergeht. Der Weg führt durch ein **Heidegebiet** zu den sogenannten **Doodemanskisten** (12), einem idyllischen **Dünensee** mitten im Küstenwald. Am südlichen Ufer geht es am ehemaligen Forsthaus vorbei, das heute eine Touristenunterkunft ist. Hier hält man sich rechts und nimmt den **Waldweg „Buiten de Kom“**, der einen zur **Seinpaalduin** bringt – diese ist als Wegweiser gut zu erkennen, insbesondere wegen ihres Signalmastes. Man kann zwischen mehreren Dünenpfaden wählen, die allesamt zur Düne führen. Im Anschluss geht es weiter zur nächsten Düne, der **Kaapsduin**, mit 31,40 m die höchste Erhebung der Insel. Der Aussichtpunkt liegt auf einem **Bunker** und bietet ebenfalls eine grandiose **Aussicht.**

Von der Kaapsduin führt ein Weg hinunter zum **Zwarteweg**, der einen in südliche Richtung zum **Zeeliedenmonument (Seefahrerdenkmal)** (9) bringt und dann rechter Hand weiter zum Strandrestaurant **De Walvis**, wo man sich endlich den wohlverdienten Kaffee und Kuchen schmecken lassen kann.

Fürs Strandsegeln gibt es auf Terschelling Platz genug

062te-ug

067te-ug

Pferdenarren beim Strandaustritt auf einem stolzen Friesen

Weitere Aktivitäten

Blokarten (Strandsegeln)

Am Strand von **West aan Zee** [D3] bei **Paal 8** kann man Blokarten: Dabei rollt man in einem kleinen Wagen mit drei Rädern und einem Segel liegend über den Strand und erreicht Spitzengeschwindigkeiten von bis zu 60 km/h. Der Anbieter ist **Mooi Weer** (s. S. 76). Er hat auch andere Strandaktivitäten wie **Beachgolf** oder **Powerkiten** im Angebot.

Golfen

In **Midsland aan Zee**, westlich des Strandpaviljoen De Branding (s. S. 47), befindet sich ein „fester" **9-Loch-Strandplatz**, den jeder nutzen darf.

› www.golfclubterschelling.com

Reiten und Eselwanderungen

Terschelling ist **Pferdeinsel.** Auf vielen Weiden sieht man die stolzen, schwarzen **Friesen** mit ihrem kräftigen Hals, der üppigen Mähne und den langen Haaren am Ende der Beine. Es liegt also nahe, sich den langgehegten Wunsch von einem **Ausritt am Strand** zu erfüllen. Der Anbieter Puur Terschelling hat auch **Eselwanderungen** im Angebot: Ein Spaziergang mit einem Esel im Schlepptau soll äußerst erholsam sein.

› **De Prairie** <102> Molenweg 9, Formerum, Tel. 06 57112107, https://deprairie.wordpress.com, geöffnet: nach tel. Anmeldung. Für die Kleinen: Spaziergang im Wald mit den Eltern und einem Pony (10 € für 30 Min). Für erfahrene Reiter ab 14 Jahren: 2-std. Ausritt in der Gruppe auf einem Isländer über den Strand, durch die Dünen, den Wald und die Polder.

› **Huifkarbedrijf Terpstra** <103> Dorpsstraat 20, Hoorn, Tel. 0562 448837, www.huifkarbedrijf-terpstra.nl, geöffnet: tägl. 8.30–18 Uhr. Traditionsreiches Unternehmen für Ausritte, es gibt sogar

Pferde-Coach

Wer das Gefühl hat, persönlich oder beruflich nicht weiterzukommen, kann es mal mit einem Pferdecoach versuchen. Scheinbar bekommt man im Umgang mit Pferden einen Einblick in nicht wahrgenommene Verhaltensmuster – mit der Chance, diese zu entdecken und dann zu ändern. Auf Terschelling bietet Jaeike solche Coaching-Sessions an.

› Tel. 06 14442581, www.jaeikemetpaarden.nl

einen Ponyhof. Wer ausreiten möchte, ist hier richtig. Auch ohne Reiterfahrung darf man an einem Ausritt teilnehmen. Hoch zu Ross geht's durch den Wald und die Dünen. Sind alle sattelfest, geht's weiter zum Strand. Preise für Ausritte: 1½ Std. 40 €, 2 Std. 50 €, 3 Std. 65 €, Abendausritt 55 €. Die *jutterstocht* („Strandräubertour") dauert 2 Std. und führt durch Wald und Dünen zum Strand. Dabei erzählt der Kutscher Geschichten über die Terschellinger Strandräuber (s. S. 28, auch auf Deutsch möglich). Besonders für Kinder ist dies ein spannender Ausflug (Erw. 17,50 €, Kinder bis 11 Jahre 9,50 €).

› **Puur Terschelling** (s. S. 65), https://puur-terschelling.nl/de-planwagenfahrten-pferdreiten. Rund 30 Pferde stehen für Ausritte zum Strand und zum Meer bereit. Auch absolute Anfänger dürfen mit zu den Ausritten, erfahrene Reiter können mit dem Pferd sogar im Meer baden. Sattel, Helme, Stiefel – alles steht gepflegt für Gäste bereit (Preis für Anfängerausritte: 55 €, Dauer: 2 Std.). Besonderer Beliebtheit erfreuen sich die Eselwanderungen (ab 2½ Std., 35 €). Tipp: Man kann bei Puur auch in Dünenzelten auf dem Reiterhof übernachten.

Tennis

› **Tennisvereniging Terschelling** <104> Sportlaan 1, West-Terschelling, Tel. 0562 442409, https://tennisvereniging oostwest.nl. Nicht-Mitglieder können für 16 €/Std. einen Platz mieten. Reservierung bis zu 24 Std. im Voraus, entweder telefonisch oder in der Kantine des Vereins. Wenn die Kantine nicht besetzt ist, kann man sich auch an die Rezeption des WestCord ApartHotel Boschrijck (s. S. 34, 100 m von der Tennisanlage entfernt) wenden.

Yoga und Fitness

In der **Sandgrube hinter dem Campingplatz Wulp** (Hoofdweg 14 a) in West-Terschelling ❶ kann man an Yogastunden teilnehmen (Mindestalter: 12 Jahre, Dauer: 75 Min.). Das Angebot ist über **MooiWeer** (s. S. 76) buchbar.

In West lassen sich Yoga- und Fitnesskurse zudem bei der Freizeiteinrichtung **Ieders Plak** belegen:

› **Ieders Plak** <105> Sportlaan 9, West-Terschelling, Tel. 0562 450942, www.iedersplak.nl, geöffnet: tägl. 9–17 Uhr

TERSCHELLING ERLEBEN

071te-ug

Feste und Folklore

Eine Insel ist ein kleiner Mikrokosmos mit eigenen Werten und Bräuchen. Und je schwieriger ein Eiland per Schiff erreichbar ist, desto ausgeprägter ist das kulturelle Brauchtum. Auch auf Terschelling hält man an den Traditionen fest.

Zwar sieht man in den Straßen keine Trachten mehr, doch im Winter – wenn nur wenige Touristen auf der Insel sind – leben die alten Traditionen wieder auf. Alle warten auf frostige Temperaturen, denn auf Terschelling gibt es gleich mehrere **Eisklubs** wie den IJsclub Noordpool (www.ijsclubnoordpool.nl), die sich dem Schlittschuhlaufen verschrieben haben. Eine wunderschöne Eislauffläche liegt beispielsweise im Wald bei Hoorn 26. Der Winter ist auch die Zeit von **Sunderum** (s. S. 89), der Terschellinger Variante des Nikolausfestes – dann ziehen verkleidete Männer durch die Straßen und treiben ihr Unwesen. **Aktuelle Veranstaltungshinweise** liefert die Website des VVV:

› www.vvvterschelling.de/veranstaltungen

Veranstaltungen

› **Neujahrsschwimmen** (1. Jan.): Am Strand von Midsland aan Zee [D-E3], gegenüber dem Strandpaviljoen De Branding (s. S. 47), wagen sich mutige Schwimmer in die kalten Fluten.

› **Fjoertoer** (Ende März): Wander- und Nordic-Walking-Event durch Dünen und Wald, zum Teil in der Nacht. Entlang des Weges weisen Lagerfeuer und Lichteffekte in der Dunkelheit den Weg (https://fjoertoerterschelling.nl).

Vorseite: Gesundes Mittagessen bei Pura Vida (s. S. 47) in Midsland 16

KURZ & KNAPP

Gründer des Kulturfestivals Oerol

Ins Leben gerufen wurde das Festival von **Jan Mulder.** Als er 2021 mit 76 Jahren starb, wurde ihm zu Ehren eine große, begehbare **Kunstinstallation** im Wattenmeer nahe Oosterend 28 errichtet: **De Streken** von Marc van Vliet. Diese wird auch in den kommenden Sommern auf Terschelling zu sehen sein. Allerdings musste sie 2021 vorzeitig abgetragen werden, denn ein Sturm hatte sie beschädigt. Einen interessanten Anblick bot sie dennoch: Durch den schlammigen Untergrund senkte sich die Installation und stand zweimal pro Tag 20 cm tief im Wasser.

› **Kulturfestival Oerol** (Juni). Anfang Juni wird die ganze Insel zur Bühne: Fotoausstellung zwischen den Pfählen unter der Strandbar, Kunstgegenstände, die von den Bäumen des Küstenwalds baumeln, Paraden und Musiker in den Dorfstraßen, Kino im Dünental (statt Kinosesseln: mitgebrachte Stühle oder Handtücher), Bühnen vor der Kulisse des Wattenmeers, Installationen am Strand, welche die Natur mit einbinden. Und dazwischen: zahlreiche gut gelaunte Festivalbesucher, die mit dem Rad von einem Happening zum nächsten fahren. Die Stimmung ist erstklassig, vor allem auf dem Festivalgelände, wo Kultur und kulinarische Genüsse zusammenkommen und auch schon mal eine fahrbare Badewanne Erfrischungen bietet. Das Leben während Oerol ist leicht, beschwingt und inspirierend. Wer es selbst erleben möchte, sollte sich mindestens ein halbes Jahr im Voraus um eine Unterkunft bemühen (www.oerol.nl/en). Zum Gründer des Events: s. oben.

› **Sint Jansdraverij** (Ende Juni): In der Straße Oosterburen in Midsland 16 findet ein traditionelles Pferderennen statt, bei dem die Reiter weiße Kleidung und Holzschuhe tragen.

- **TOF – Terschelling Openlucht Filmfestival** (Anf. Aug.): Eine Woche lang im Freien Filme gucken – und zwar mitten in den Dünen bei West-Terschelling ❶ (www.tof.nu).
- **Rock'n'Roll Street** (2. Wochenende im Sept.): In Midsland wird ein Wochenende lang Rock'n'Roll getanzt und die schönsten Oldtimer werden aufgefahren (http://rockandroll-terschelling.nl).
- **Trailrun Terschelling** (Anf. Okt.): Durch die Dünen joggen kann mächtig anstrengend sein! Vielleicht erst einmal mit dem 10-km-Lauf beginnen? Erfahrene Trailrunner können sich an die 50 Kilometer wagen (https://trailrunterschelling.nl).
- **Berenloop** (Anf. Nov.): Der Kleine Berenloop richtet sich mit 5 und 10 km an die Kinder; Erwachsene können den halben oder den ganzen Marathon über die Insel absolvieren, der aufgrund der reizvollen, abwechslungsreichen Landschaft zu den schönsten Marathons des Landes zählt (www.berenloopterschelling.nl).
- **Lakmaker's T-Jazz** (Nov.): Im Herbst trifft sich das Who's Who der Jazzwelt auf Terschelling, wenn ein Wochenende lang Jazz von den Bühnen West-Terschellings erklingt (https://tjazz.nl).

Feiertage

In den Niederlanden werden die christlichen Feiertage nicht in dem Umfang gefeiert wie in Deutschland. Karfreitag ist zwar ein gesetzlich anerkannter Feiertag, doch in den meisten Unternehmen wird gearbeitet. Feiertage sind:

- **Neujahr**
- **Ostersonntag** und **Ostermontag** (viele Geschäfte sind aber am Ostermontag offen)
- **Königstag** (27. April, wenn der Königstag auf einen Sonntag fällt, wird er verschoben)
- **Bevrijdingsdag** („Befreiungstag" am 5. Mai)
- **Pfingstmontag**
- **Himmelfahrt**
- **Weihnachten** (25. und 26. Dezember)

- **Sunderum** (6. Dez.): Während dieses Volksfestes am Nikolaustag, dessen Ursprünge in der vorchristlichen Zeit liegen, ziehen verkleidete Männer durch die Straßen der Dörfer und kommentieren mit verstellten Stimmen die jüngsten Ereignisse. Frauen und Kindern sollten sich dann besser nicht auf der Straße zeigen. Bei der Party am Ende des Abends sind jedoch alle willkommen.
- **Midwintermarkt** (Ende Dez.): In Midsland wird der Jahresausklang mit Marktständen, Tänzen und gutem Essen gefeiert.

Schräg, bunt, ausgelassen: das Kulturfestival Oerol

Terschelling kulinarisch

Typische Gerichte und Getränke

Das **Mittagessen** besteht in den Niederlanden meistens aus einem *broodje* (Brötchen) und einer Suppe. Dazu trinken die Niederländer am liebsten Milch oder Buttermilch *(karnemelk)*. Ein umfangreiches Mittagessen wird in den vielen Terschellinger Restaurants gar nicht angeboten. Anders beim **Abendessen**, das in der Regel um 18 Uhr eingenommen wird. Dann wird warm gegessen und es darf auch ruhig etwas mehr sein.

Auf Terschelling gibt es natürlich viel fangfrischen **Fisch**, der mit Vorliebe paniert wird. *Kibbeling* sind kleine, panierte und frittierte Fischstücke, *noordzeetong* ist Seezunge aus der Nordsee. Häufig findet man auch *kabeljauw* (Dorsch bzw. Kabeljau) und *schol* (Scholle) auf der Karte. Dazu werden Kartoffeln oder Pommes gereicht.

Typische **Fleischgerichte** sind Satéspieße mit Erdnusssoße (ein Erbe der Kolonialzeit), Steaks oder der urholländische *gehaktbal* (Bulette).

Dazu **trinken** die Niederländer gerne ein kühles Bier, einen Weißwein oder einen *frisdrank*, ein Erfrischungsgetränk. Nach dem *toetje*, dem Nachtisch, wird noch Kaffee oder Tee bestellt. Auf Anfrage erhält man im Restaurant **Leitungswasser** *(kraanwater)* gratis in einer Karaffe.

In der Regel wird im Restaurant ein **Trinkgeld** in Höhe von 5 bis 10 % des Rechnungsbetrags gegeben. Abgerechnet wird nicht einzeln, sondern pro Tisch. Man kann die Rechnung dann untereinander aufteilen.

Terschellinger Gaumenfreuden

Aus dem (Watten-)Meer

› **Herzmuscheln:** Die herzförmige Muschel wird meistens exportiert und landet in spanischen Paellas. Dennoch werden Herzmuscheln auch in heimischen Restaurants (z. B. Kookstudio Flang in de Pan in Hoorn 26, s. S. 60) angeboten, z. B. in Pastagerichten. Da der Fang der Herzmuschel in der Vergangenheit viele Muschel- und Austernbänke zerstörte, wurde er inzwischen stark eingeschränkt.

› **Japanische Austern:** Wie der Name schon sagt, stammt sie ursprünglich aus dem Pazifik. Sie gelangte im Ballastwasser von Schiffen ins Wattenmeer und breitete sich extrem schnell aus. Doch Vorsicht: Die Schalen sind messerscharf! Wattwanderungen mit Austernsammeln werden u. a. von Puur Terschelling (s. S. 127) angeboten – man verspeist die Austern dann direkt vor Ort.

› **Makrelen:** Im August und September werden Makrelen frisch gefangen und vor Ort auf Terschelling geräuchert. In Hoorn räuchert Hans Ditzel neben Makrelen auch Lachs und Aal (s. S. 60).

◁ Die „Briefmarkenbiere" der Brauerei Scelling (s. S. 92)

- **Miesmuscheln:** Die Miesmuschel wird auf Muschelbänken im Wattenmeer gezüchtet, serviert wird sie beispielsweise im Restaurant Caracol (s. S. 35) in West-Terschelling 1.
- **Strandschnecken,** auf Terschelling *kreukels* genannt, leben auf dem Boden des Wattenmeers. Bei Ebbe findet man die winzigen Schnecken in ihren spiralförmigen Gehäusen zu Hunderten auf den Steinen der Deiche am Wattenmeer. Weil sie so klein sind, ist es gar nicht so leicht, die Muscheln mit einer Nadel aus ihrem Gehäuse zu bekommen!
- **Queller:** Im Watt, zum Beispiel am Grünen Strand 10, findet man die grünen Stängel des Quellers. Er kann roh oder gekocht verzehrt werden, wobei man nur die oberen, weichen Teile verwenden sollte. Besonders gut passt er zu Fischgerichten. Durch den hohen Jodgehalt ist er sehr gesund.
- **Strandaster:** Auch die Strandaster wächst – wie Queller und Eiskraut – auf salzhaltigem Boden. Die Terschellinger Stiftung De Zilte Smaak experimentiert mit dem Anbau der „salzigen Gewächse" und deren Verwendung in der Küche. Probieren lässt sich das bei Flang in de Pan (s. S. 60). Weitere Infos: www.facebook.com/DeZilteSmaak.

Aus den Dünen

- **Bienenhonig:** Eine Besonderheit Terschellings ist der Strandasterhonig *(lamsoorhoning)*. Die salzwasserresistente Pflanze wächst u. a. auf der Boschplaat 32 und verleiht dem Honig ein einzigartiges Aroma. Erhältlich ist die Spezialität bei De Bionier (s. S. 40) in West sowie beim Bijenpark Terschelling 19.
- **Cranberrys** dürften das bekannteste „Exportprodukt" Terschellings sein. Überall findet man Gerichte oder Produkte mit den roten Beeren: Cranberry-Tee, Cranberry-Saft, Cranberry-Marmelade, Apfelkuchen mit Cranberrys ... (s. S. 31)

070te-ug

- **Sanddorn:** Dünengewächs mit orangefarbenen Beeren und gemeinen Stacheln. Aus den vitaminreichen Beeren wird Sirup hergestellt, aus den Blättern Tee. Verwendet wird der Sirup als Dressing für Salate, in Joghurt, Eiscreme und Limonade.

Von den Weiden

- **Käse:** Durch das salzhaltige Gras auf den Wiesen besitzt der Terschellinger Käse ein ganz besonderes, salziges Aroma. Hergestellt wird Kuh- und Schafskäse, der teilweise mit Brennnessel und Bockshornklee verfeinert ist. Erhältlich sind die Käsespezialitäten etwa in der Kaasboerderij De Pieter Peit's Hoeve (s. S. 56) in Lies 23 oder beim Schafbauernhof de Zeekraal (s. S. 66) in Oosterend 28.
- **Lammfleisch:** In den letzten Jahren erhöhte sich die Anzahl der Schafe und Lämmer auf Terschelling. Die Qualität des Fleisches ist ausgezeichnet, durch den Salzgehalt in der Luft erhält es vermutlich sein besonderes, zartes Aroma. Für den Einkauf empfiehlt sich der bereits erwähnte Schafbauernhof de Zeekraal in Oosterend.

⌃ *Terschelling präsentiert sich als Paradies für Käsefans*

- **Rindfleisch:** Das meiste Fleisch, das auf der Insel gegessen wird, stammt vom Festland. Doch ab und zu findet man in den Restaurants oder Geschäften auch Rindfleisch von der Insel, zum Teil von Hereford-Kühen. Dank der Inselwiesen hat das Fleisch einen leicht salzigen Geschmack. Ökologisch produziertes Rindfleisch verkauft z. B. der Boerderij Spanjer in Lies (s. S. 56).

Aus den Fässern

- **Scelling:** Bis vor wenigen Jahren besaßen Scelling-Bier-Gründer Jolle Dijkstra und seine Frau Ria das B & B De Stormvogel (s. S. 46) in Baaiduinen, wo sie auch ein kleines Restaurant mit Bierausschank führten. Da Jolle keine Lust hatte, mit einer großen Brauerei zu arbeiten, entschied er sich, sein eigenes Bier zu brauen. Mittlerweile verkauft er 100.000 Flaschen seiner Scellinger Biere pro Jahr, exklusiv auf Terschelling und über seinen Webshop. Es gibt auch einen Verkostungsraum (s. S. 46). Seine Biere mit den Nummern 4, 5, 6, 7 und 8, benannt nach dem Alkoholgehalt, haben ein unverwechselbares Etikett, das an eine Briefmarke erinnert. Das Sortiment wurde um Cranberry-, Sanddorn- und Gagelbier erweitert. Die Zutaten sammeln Jolle und Ria in den Dünen von Terschelling. Wer denkt, dass Cranberry-Bier intensiv süß und sauer-fruchtig schmeckt, der irrt. Der Cranberry-Geschmack ist sehr subtil und das Bier sehr lecker (und stark!).
- **Schoemrakker:** Hinter dem Restaurant Storm (s. S. 38) in West-Terschelling wird Bier der Marke Schoemrakker gebraut und im Restaurant ausgeschenkt. Das Brauwasser stammt aus den Terschellinger Dünen. Am bekanntesten ist die Sorte **Brandaan**, ein dunkelblondes, vollmundiges Bier mit einem Alkoholgehalt von 6 %. Es wird in vielen Inselrestaurants vom Fass gezapft. Infos: www.schoemrakkerbierterschelling.nl.
- **Schylger Jutters-Bitter:** Kräuterbitter mit 30 % Alkoholgehalt, verfeinert mit Terschellinger Dünenkräutern. Man kann ihn pur oder zum Kaffee trinken.
- **Syltsje:** Dieser Magenbitter ist etwas milder und süßer als Jutters-Bitter, zu haben ist er z. B. in der Slijterij Lutine (s. S. 39) in West-Terschelling.

Aus den Backstuben

- **Pondkoek:** Der Geschmack des bräunlichen, einfachen und recht unspektakulär aussehenden Gebäcks erinnert an Spekulatius. Früher wurde er aus Teigresten hergestellt. Noch heute hat jeder Inselbäcker sein eigenes Rezept mit geheimer Gewürzmischung (zum Nachbacken: s. links). Pondkoek schmeckt gut zu Kaffee oder Tee. Weil das Gebäck so robust ist, eignet es sich auch gut zum Mitneh-

Rezept Pondkoek

Zutaten:

500 g Weizenmehl
250 g Zucker
100 g geschmolzene Butter
200 ml Milch
1 Prise Salz
6 TL Lebkuchengewürz
1 TL Backpulver

Zubereitung:

Zutaten zu einem Teig verrühren. Den Teig in zwei längliche Stücke verteilen und flachdrücken. Die Teigstücke in Frischhaltefolie wickeln und zwei Tage im Kühlschrank aufbewahren, damit das Gewürz in den Teig einzieht. Backofen auf 175 °C einheizen und Teigstücke auf einem eingefetteten Backblech 40 Min. im Ofen backen.

▷ Im Inneren des Strandpaviljoen De Branding (s. S. 47)

men auf einer Radtour. Erhältlich ist es u. a. bei Bakker Mier im Jumbo Supermarkt (s. S. 54) in Formerum 20 oder bei der Bakkerij Scheerman (s. S. 39) in West-Terschelling.

- **Potsjekoek bzw. Potjekoek:** Kuchen in Gugelhupfform mit Ingwer oder Cranberrys. Die Einheimischen essen ihn mit einer Lage Butter obendrauf. Er lässt sich u. a. bei Scheerman erwerben.

Restaurants mit Aussicht

Auf Wattenmeer und Hafen 2:

- **Loods** (s. S. 38): mit Sicht auf den Arbeitshafen
- **Restaurant Op West** im WestCord Hotel Schylge (s. S. 38): mit Blick auf den Jachthafen

Auf den Grünen Strand 10:

- **De Walvis** (s. S. 36)

Auf die Nordsee:

- **Heartbreak Hotel** 31
- **Paviljoen West aan Zee** (s. S. 38)
- **Strandpaviljoen De Branding** (s. S. 47)

In den Wald:

- **Bessenschuur** 14
- **Brasserie Boschrijck** im WestCord ApartHotel Boschrijck (s. S. 34)

Für Vegetarier

Vegetarier finden in den meisten Restaurants **fleischlose Gerichte** wie Salate, Veggieburger und *tostis* (Toasts mit Käse etc.). Im Restaurant **De Walvis** (s. S. 36) stehen Veggie-Pasta und ebensolches Curry auf der Karte, in der **Zandzeebar** (s. S. 53) vegetarische Pizza und Flammkuchen-Varianten.

Eine besonders kreative vegetarische Küche bietet die **Pura Vida Foodbar,** die eine Niederlassung in Midsland 16 (s. S. 47) und eine in West-Terschelling 1 (Boomstraat 17) unterhält. Besonders lecker sind die Bowls: Tabouleh (u. a. mit Blumenkohl, Granatapfel und Rosinen), Hula (Reis, Wakame, Sesam etc.), Tofu-Curry und die mexikanische Variante (Reis, Bohnen, Guacamole usw.). Bei Pura Vida gibt es ferner vegane (nied. *veganistisch*) und glutenfreie *(glutenvrij)* Gerichte.

073te-ug

Was wo kaufen?

Für den täglichen Bedarf stehen in fast jedem Dorf **Supermärkte** zur Verfügung: in West-Terschelling **1**, Hee [D4], Lies **23**, Midsland **16** und Formerum **20**. Adressen und Öffnungszeiten stehen jeweils bei den Orten. Lediglich in Oosterend **28** gibt es keinen Supermarkt, dafür aber den empfehlenswerten **Hofladen** des Schafbauernhofs de Zeekraal (s. S. 66). Ein weiterer Hofladen gehört zur Kaasboerderij De Pieter Peit's Hoeve (s. S. 56) in Lies. In beiden kann man sich mit schmackhaftem **Inselkäse** eindecken, bei Zeekraal gibt es zusätzlich **Lammfleisch** und beispielsweise Schaffelle.

Das klassische Inselprodukt Terschellings ist die **Cranberry** (s. S. 31). Es gibt sie an jeder Ecke in zahllosen Varianten zu kaufen: als Saft, Tee, Likör, Kompott etc. Als **Mitbringsel** sind Produkte mit der roten Beere ebenfalls ausgesprochen beliebt. Die beste Anlaufstelle hierfür ist die **Bessenschuur** **14** zwischen West-Terschelling und West aan Zee.

Wer sich mit inseltypischen **Likören und Destillaten** eindecken möchte, kann das in der Slijterij Lutine (s. S. 39) in West tun. Auf der Suche nach einem **Terschelling-Andenken** in Form einer Tasche oder Tasse, eines T-Shirts oder Kuscheltiers wird man bei **De Jutter** (s. S. 39) oder beim **VVV Terschelling** (s. S. 118) fündig.

Natur erleben

Erstaunlich vielfältig ist die Natur auf Terschelling, mehr noch als auf den anderen Wattenmeerinseln der Niederlande. Das liegt auch daran, dass die Hälfte der Insel, die **Boschplaat** **32**, unter **Naturschutz** steht. Neben Stränden und Dünen verwöhnt Terschelling das Auge auch mit schönen Küstenwäldern und Poldergebieten voller Vögel.

Das Wattenmeer

Das Wattenmeer grenzt an der **Südostseite** an die Insel. Es wird geprägt von Ebbe und Flut und fällt zweimal täglich (teilweise) trocken, was es zu einem Ort der Extreme und großer Biodiversität macht. Laut UNESCO, die dem Wattenmeer 2009 den Status als **Weltnaturerbe** verliehen hat, leben allein in den **Salzwiesen** rund 2300 Tier und Pflanzenarten. In den meer- und brackwasserhaltigen Zonen kommen rund 2700 weitere Arten vor. Das gilt für den gesamten Bereich des Wattenmeers, der sich von den Niederlanden bis hoch nach Dänemark erstreckt.

Im Wattenmeer sind neben Schlick auch **Sand- und Muschelbänke** zu finden. Auf den Muschelbänken gibt es viermal so viel Biomasse und 43 % mehr Vögel als auf den Sandbänken. Neben **Muscheln** und **Austern** sind auf den Muschelbänken auch **See-**

074te-ug

pocken, eine Krebsart, sowie netzartige **Moostierchen** zu finden, die sich an den Muscheln festklammern.

So tischt das Wattenmeer ein wahres Festmahl für die **Zugvögel** auf, die auf ihrem Weg in den Norden (im Frühjahr) und in den Süden (im Herbst) eine Pause im Wattenmeer einlegen, um sich für den Weiterflug zu stärken. Das Wattenmeer spielt also eine sehr große Rolle für das Wohlergehen der Vögel auf der ganzen Welt. Ein Beispiel: Vermindert sich die Population einer bestimmten Schneckenart im Wattenmeer, kann das wiederum Folgen für die Vogelwelt in der arktischen Tundra haben, denn die durchziehenden Vögel können sich dann nicht mehr ausreichend für den Weiterflug stärken.

Es kreucht und fleucht im Watt

„Modder ist der Motor des Wattenmeers" – das behauptet der niederländische Biologe Kees Boele. Im Schlick, Schlamm und Sand des Meeresbodens wimmelt es nur so von Leben. Fangen wir mit den kleinsten Lebewesen an, den **Dinoflagellaten**, die als Einzeller den Großteil des Phytoplanktons im Meer ausmachen. Vom Phytoplankton wiederum leben die vielen Muscheln und Schnecken im Meer.

Bei einem Spaziergang am Ufer werden wir – neben den schwarzen **Miesmuscheln** – am häufigsten das *nonnetje*, die **Baltische Plattmuschel**, entdecken, die im Gegensatz zur **Herzmuschel** (im Niederländischen

Bei einer geführten Wattwanderung (s. S. 127) kommt man den Geheimnissen des Wattenmeers auf die Spur

Sein blaues Wunder erleben

In windstillen, warmen Frühlings- und Sommernächten entdeckt man mit etwas Glück den „zeevonk" im Brandungsbereich des Wattenmeers, eine Art blaues Leuchten auf den sich bewegenden Wellen. Es stammt von den sogenannten **Meeresleuchttierchen,** die – anders als der Name vermuten lässt – keine Tiere, sondern einzellige Pflanzen sind. Wenn sie sich bewegen, lösen sie eine chemische Reaktion aus. Dadurch leuchtet das Wasser blau, was Feinde abschrecken soll. Das Phänomen ist auch als **Biolumineszenz** bekannt.

In einem späteren Wachstumsstadium fängt das Meeresleuchttierchen zu blühen an, wodurch sich das Wasser aufgrund eines Pigments rot verfärbt. Ist dieses „rote Wasser" tagsüber zu sehen, dann ist es nachts für das Meeresleuchten zu spät: Dann ist die Pflanze verblüht und kann nicht mehr leuchten.

Um das „blaue Wunder" erleben zu können, muss es schwül und windstill sein (was auf Terschelling nicht allzu häufig der Fall ist). Bei kühlerem und windigem Wetter sinkt das Meeresleuchttierchen in tieferes, ruhigeres Wasser ab.

Bitte beachten: Das blaue Wasser kann unter Umständen Ammoniak enthalten, weshalb man nach der Berührung Hände oder Füße gut mit Süßwasser abspülen sollte. So lassen sich unangenehme Hautreizungen vermeiden.

Wer wissen möchte, wie das Ganze aussieht, kann sich im Internet den folgenden **Film** ansehen, der auf Terschelling aufgenommen wurde:

› www.youtube.com/watch?v=bykOQj2zLpE

Wattwurm
Sandklaffmuschel
Plattmuschel
Herzmuschel

kokkel genannt) keine länglichen Rippen hat, sondern eher glatt und hell ist. Etwas größer ist die **Trogmuschel.**

Die **Plattmuschel** gräbt sich normalerweise rund 4–10 cm tief in den Schlick ein. Und dort ist sie nicht alleine. Bis zu 2000 Plattmuscheln können auf einem Quadratmeter Wattenmeerboden leben! Noch tiefer (rund 30 cm) im Watt ist die **Sandklaffmuschel** zu finden, die mit einem langen, Sipho genannten „Rüssel" Wasser und damit auch Sauerstoff und Nahrung aufnimmt.

Ist man mit einem Wattführer unterwegs, dann kann man sich diese eingegrabenen Muscheln ebenso zeigen lassen wie die Würmer. Besonders spannende Exemplare sind der **Seeringelwurm,** der aufgrund seiner vielen Füße in den Niederlanden „Meerestausendfüßler" genannt wird, der rote **Kiemenringelwurm** und der klassische **Wattwurm,** der bis zu 40 cm lang werden kann. Auch die Würmer graben sich in das Sediment des Wattenmeers ein. Zu sehen sind dann lediglich ihre grauen, spaghettiförmigen Haufen auf der Wattoberfläche. Das sind ihre Ausscheidungen. Übrigens leben auch sie dichtgedrängt – mit bis zu 40 Kumpels auf einem Quadratmeter.

Ebenfalls im Sand versteckt sich die **Nordseegarnele,** die die meisten von uns vom Krabben-Cocktail kennen. Übrigens ist sie nur ein Sommergast im Wattenmeer; den Winter verbringt sie im tieferen Gewässer der Nordsee. Der kleine **Wattkrebs** leistet ihr Gesellschaft, umringt von vielen Artgenossen: Bis zu 40.000 Wattkrebse sind schon auf einem Quadratmeter gefunden worden! Wesentlich größer ist die **Strandkrabbe** mit ihrem Panzer, den vielen Scherenbeinen und den zwei Scheren vorne am Kopf.

Die Ebbe kommt von links

Ebbe und Flut starten übrigens ganz im Westen des Wattenmeers bei der Stadt Den Helder in der Provinz Nordholland. Beginnt dort die Ebbe, dann ist sie genau 1 Std. und 45 Min. später bei Terschelling angelangt. Eine **Übersicht über die Gezeiten** auf Terschelling findet sich online:

› https://terschelling.org/de/gezeiten-ebbe-flut.php

Wer das alles selbst einmal sehen und erleben möchte, dem sei eine geführte **Wattwanderung** (s. S. 127) empfohlen.

Die Nordsee

Die **Nordwestseite** der Insel mit ihren kilometerlangen Stränden grenzt an die Nordsee. Auch hier zieht sich bei Ebbe das Meer zurück, doch das ist nur insofern sichtbar, als der Strand breiter wird. Daher ist auch ein Strandspaziergang bei Ebbe wesentlich komfortabler, weil man dann auf festem, glattem Sand gehen kann.

In der Nordsee (und teilweise auch im Wattenmeer) schwimmen die **Seenadel, Seepferdchen** und **Plattfische** wie Scholle, Flunder und Kliesche. Einige der Fische wie der Butterfisch bleiben dauerhaft in diesen Gewässern. Der **Hering** hat seine „Kinderstube" im Wattenmeer, schwimmt aber ausgewachsen in die tieferen Bereiche der Nordsee.

Ebenfalls in der Nordsee heimisch ist der **Hundshai,** der bis zu zwei Meter groß werden kann. Genauso groß ist der **Schweinswal,** der einem Delfin ähnelt. Die bekanntesten Nordsee- und Wattenmeerbewohner sind jedoch die **Seehunde** und die **Kegelrobben** (s. S. 98).

Seehunde und Robben im Wattenmeer

Schon während der Überfahrt nach Terschelling können sie gesichtet werden: Seehunde, die sich auf einer Sandbank in der Sonne aalen. Im Wattenmeer rund um die Inseln kommen hauptsächlich zwei Robbenarten vor, der Gemeine Seehund und die Kegelrobbe. Beide zählen zu den Raubtieren, da sie sich vom Fleisch anderer Tiere ernähren.

Die **Kegelrobbe,** die bis zu 2,30 Meter lang werden kann, verdankt ihren Namen der kegelförmigen Schnauze. Wegen ihres grau gefleckten Fells wird sie auch Grauer Seehund genannt. Jungtiere kommen mit einem weißen Fell zur Welt. 2021 zählte man im niederländischen Wattenmeer 6788 Kegelrobben – 20 Prozent mehr als im Vorjahr. Die Kegelrobbe ist das größte Raubtier Mitteleuropas. Man sollte mindestens 100 m Abstand zu ihr halten.

Noch häufiger kommt im Wattenmeer der **Gemeine Seehund** vor, der etwas kleiner als die Kegelrobbe ist. Männchen können aber immerhin bis zu 1,70 Meter groß werden. Der Kopf ist eher rund. Seehunde ernähren sich fast nur von Fisch. Vorsicht, wenn man einem Seehund am Strand begegnet, denn seine Zähne sind äußerst scharf. Im niederländischen Wattenmeer leben rund 10.100 Gemeine Seehunde (Schätzung von 2020).

Um die Robben und Seehunde im Wattenmeer war es nicht immer so gut bestellt wie heute. In den 1950er-Jahren durften Seehunde noch gejagt werden, was ihre Anzahl stark dezimierte. Später – als die Jagd verboten war – sorgte durch PCB (ein Weichmacher) verseuchtes Meerwasser dafür, dass es weniger Nachwuchs gab. Inzwischen ist auch PCB verboten, doch 1988 und 2002 brachen Virusepidemien aus. Im Sommer 2003 wurden im niederländischen Wattenmeer nur noch 2350 Gemeine Seehunde gezählt – die Hälfte war vom Virus infiziert und verendete. Die Kegelrobbe war sogar ganz verschwunden. Das ist heute zum Glück anders. Die meisten Robben des Wattenmeers sind „Holländer", denn sie kommen im niederländischen Bereich des Wattenmeers zur Welt. Auf Terschelling werden regelmäßig Robbentouren angeboten (Details s. S. 127).

Wo ist Mama? Junger Seehund im Wattenmeer.

076te-ug

Dünen – die Minigebirge der Insel

Das Terschellinger Dünengebiet ist 3100 ha groß und hat eine erstaunliche **Vielfalt an Dünenformen** zu bieten: von alten, stattlichen Dünenbergen bis zu klitzekleinen Babydünen (wissenschaftliche Bezeichnung: Embrionaldünen). Je mehr man von der Küste landeinwärts geht, desto älter und höher werden die Dünen. Sie gewinnen an Humus und verlieren an Kalk. Was die Vegetation betrifft, so findet man am Strand eher Pionierpflanzen und weiter im Landesinneren Sträucher und schließlich Küstenwälder.

Ein sehr junges Dünengebiet ist der Noordsvaarder 10, eine angewachsene Sandbank nördlich von West. Dort liegen Kroonpolder und der Grüne Strand, beides **primäre Dünentäler** mit Dünenseen. Ein älteres Dünengebiet verläuft östlich des Grünen Strandes bis zum Koegelwieck 25 bei Lies 23. Man bezeichnet es als **Paraboldünengebiet.** Im letzten Jahrhundert vergrößerten sich die sogenannten **sekundären Dünentäler** durch Sandverwehungen. Das größte sekundäre Dünental der Insel ist der Koegelwieck.

Zu den **höchsten Dünen** der Insel zählen die rund 30 m hohen Aussichtsdünen Kaapsduin und Seinpaalduin 11 sowie Arjensduin 15. Aber auch am Noordsvaarder nördlich von West-Terschelling 1 stehen ein paar schneeweiße, sehr hohe Dünen, die nur mit viel Mühe zu erklimmen sind.

077te-ug

⌃ *Auch eine Dünenbesteigung kann in den Waden kneifen*

Übrigens steckt tief unter den Dünen eine **Süßwasserblase**, aus der die Terschellinger die meiste Zeit des Jahres ihr Trinkwasser beziehen.

Wie entstehen Dünen?

Durch die Kraft der **Wellen** lagert sich eine Sandschicht am Strand ab. Ein kleiner Sandklumpen oder ein Stück Holz am Strand können den Beginn einer Düne bilden. Denn hinter der kleinen Erhebung bleibt der angewehte Sand liegen und der kleine Hubbel wächst an. Nun ist es wichtig, dass auf diesem Sandberg Pflanzen zu wachsen beginnen, die den rutschigen Sand mit ihren Wurzeln festigen und mit ihren Stängeln vom Wegfliegen abhalten. Mit diesem Trick, genauer mit der Anpflanzung von **Strandhafer**, werden noch heute Dünen befestigt bzw. errichtet.

Dünentäler

Die Dünentäler werden auf Terschelling *plakken* genannt. Dutzende davon gibt es auf der Insel, viele haben einen eigenen Namen. Zu Beginn des letzten Jahrhunderts wurden die damals noch sehr feuchten Dünentäler **trockengelegt**, um den Grund für den Ackerbau, die Kultivierung von

078te-ug

Cranberrys (s. S. 31) oder die Bewaldung zu nutzen. 2010 beschloss das staatliche Forstamt Staatsbosbeheer, den Wasserpegel wieder auf das frühere Niveau zurückzubringen. Seitdem sind viele besondere Pflanzen wie der **Fadenenzian** wieder zurückgekehrt.

Zwischen den Dünen und in den feuchten Dünentälern leben **Kaninchen** und **Eidechsen.** Zu hören sind die Nachtigall, der Seidensänger und der Laubsänger. Ferner brüten hier viele Vögel wie die Mantelmöwe.

Dünenseen

In den Dünentälern liegen zahlreiche Dünenseen, in denen sich mit Vorliebe **Zugvögel** niederlassen. In den letzten Jahrzehnten hat sich dort allerdings ein ungebetener Gast angesiedelt: das **Nadelkraut** *(Crassula helmsii).* Die Pflanze bildet auf dem Wasser eine dicke Matte und verdrängt somit andere, einheimische Pflanzen. Außerdem gibt es unter dem dichten Gestrüpp nur wenig Sauerstoff, der dann den Wassertieren fehlt. Auf Terschelling versucht man nun, die invasive Pflanzenart zu bekämpfen, indem man die Pflanzenteppiche entfernt und die Ansiedlung einheimischer Arten fördert.

Schorren und Salzwiesen

Die **Schorre** ist eine flach zum Meer hin abfallende Fläche in der Uferzone des Wattenmeers, die bei Ebbe trocken fällt. Auf den **Hochschorren** erstrecken sich die **Salzwiesen,** die nicht bei jeder Flut überspült werden, sondern nur bei einer Sturmflut. Die hier wachsenden Pflanzen müssen Salzwasser vertragen können. Auf den Salzwiesen gedeihen viele teils seltene Pflanzen wie Strandflieder, Strand-Beifuß, Keilmelde, Andel, Strand-Grasnelke und Strand-Dreizack.

Ein typisches Salzwiesengewächs ist der **Queller:** eine kleine Pflanze mit mehreren, nach oben ragenden, fleischigen Stängeln. Interessanterweise braucht Queller zum Keimen Süßwasser, weshalb die Triebe häufig nach einem Regenguss zu sprießen beginnen. Wo Fuß- oder Reifenspuren Kuhlen in den Boden gedrückt haben und das Regenwasser länger stehenbleibt, sprießen im April mehr Queller. Im Spätsommer verfärbt sich der Queller rotbraun und stirbt danach

Dünensee: ein Riesenpool für Zugvögel

ab. Nur seine Samen überleben die Winterzeit. Übrigens hat der salzige Queller, der auch als **Meeresspargel** bezeichnet wird, seinen festen Platz in der gehobenen Gastronomie gefunden. Im Niederländischen heißt er *zeekraal* – es lohnt sich, auf der Speisekarte nachzusehen, ob es ein (Fisch-)Gericht oder Pasta mit *zeekraal* gibt.

Obwohl die Salzwiesen auf den ersten Blick wie ein karges Gebiet aussehen, sollen bis zu 1600 verschiedene Tierarten in und auf ihnen leben. Zu den **Vögeln,** die hier ausreichend Nahrung finden, gehören Austernfischer, Rotschenkel, Knutt und Alpenstrandläufer (Details s. S. 102).

Die größte Schorre des Wattenmeers gibt es auf der **Boschplaat.** Sehr beeindruckend und ganz aus der Nähe kann man sich Salzwiesen beim **Strieper Polder** ansehen (s. S. 80).

Deiche und Polder

Seit die Niederländer im 14. Jahrhundert die Windmühle zur Entwässerung ihres feuchten Landes entdeckt hatten (mittels Antrieb von Schöpfrädern), ging es mit den sogenannten **Einpolderungen** rasch voran. Dazu wurde zunächst ein Deich am Fluss, an einem Meeresarm oder an der Küste errichtet, der vor eindringendem Wasser schützen sollte. Danach wurde aus dem eingedeichten Gebiet das Wasser herausgepumpt. Diese eingepolderten Gebiete lagen in der Regel unter dem Meeresspiegel, weshalb ein Deichbruch fatal sein würde.

Der Polder auf Terschelling, der sich entlang des Wattenmeers erstreckt und von einem Deich geschützt wird, wurde im 16. Jahrhundert angelegt. Er liegt südlich der Inseldörfer. Man brauchte Land für Ackerbau und Viehzucht. Doch nicht immer konnte der Polder dem Meer Einhalt gebieten und so fielen Dörfer wie Allum, Hierum, Stattum und Schitterum dem Meer zum Opfer. Sinnbildlich verschlang sie der *waterwolf,* der **Wasserwolf,** der am liebsten Land auffrisst (und manchmal kleine Kinder, weshalb man sie vor dem Wasserwolf warnte, damit sie nicht zu nah am Wasser spielten).

Trotz menschlicher Eingriffe hinterlässt die Natur nach wie vor ihre Spuren im Polder. Da die Landschaft früher von sog. *slenken* (Wassergräben) durchzogen war, in die Wasser vom Meer hineinfloss, ist die Polderlandschaft sehr unterschiedlich gestaltet: Es gibt höher und niedriger gelegene, trockene und nasse, sandige und moorige Gebiete. Manche Bereiche werden von Bauern genutzt, andere der Natur überlassen. Der **Vogelreichtum** im Polder Terschellings ist einzigartig – auch dank der Landwirte, die sich um eine blumenreiche Wiese bemühen oder das Gras erst dann mähen, wenn die Brutsaison vorbei ist.

Wer einmal eine **Radtour** auf der **Route Polderpracht** (s. Radtour 3 auf S. 80) unternommen hat, kommt aus dem Staunen nicht mehr heraus – so viele Vögel nutzen die Landschaft zum Brüten und Aufziehen ihrer Jungen!

Vogelwelt auf Terschelling

Besonders in den Monaten **April, Mai und Juni** kommen Hobby-Ornithologen auf ihre Kosten. Einen großen Vogelreichtum findet man – wie bereits erwähnt – im Polder in Richtung Wattenmeer, wo viele **Weidevögel** brüten. Doch das wichtigste Vogelgebiet auf Terschelling ist die Boschplaat.

Zudem lassen sich im Herbst Millionen von **Zugvögeln** nieder, um auszuruhen und sich den Magen vor ihrem Weiterflug vollzuschlagen. Ausreichend Nahrung finden sie im Wattenmeer. Rund 65 Vogelarten brüten auf der Boschplaat: Von einigen gibt es nur wenige Brutpaare, von anderen – wie den Möwen – Zehntausende. Zu den am häufigsten auf Terschelling vorkommenden Vögeln zählen:

- **Alpenstrandläufer:** Die kleinen, rundlichen Vögel mit dem weißen Bauch und den braun-schwarzen Federn sind am Flutsaum zu finden. Immer etwas hektisch trippeln sie mit ihren kleinen Füßen über den Strand, auf der Suche nach Wasserinsekten und Krebstieren. Die meisten Strandläufer ziehen zum Brüten weiter nach Norden.
- **Austernfischer:** Der schwarz-weiße Vogel mit dem roten, langen Schnabel sorgt für den „Wattenmeer-Sound": „quiewiehp". Der Austernfischer bleibt das ganze Jahr über an der Küste.

079te-ug

Pfuhlschnepfe auf Aussichtspfosten

080te-ug

- **Flussseeschwalbe:** Sie heißt im Niederländischen *visdief* (Fischdieb), denn über dem Wasser „schwebend" hält sie nach ihrer „Diebesbeute" Ausschau: kleinen Fischen.
- **Knutt:** Der Knutt ist ein echter Weltreisender: Er fliegt von Afrika bis Skandinavien und nutzt das Wattenmeer zum Auftanken. Bis zu 200.000 Exemplare der grau-weißen Vögel (im Sommer mit rötlichem Bauch) finden sich im Frühjahr und Herbst im Wattenmeer ein. Erkennbar sind sie an ihrem Ruf „knut-knut", der ihnen auch den Namen gab.
- **Löffler:** Dieser recht große, ganz weiße Vogel durchforstet mit seinem Schnabel das untiefe Wasser auf der Suche nach Nahrung. Auffälligstes Merkmal ist sein löffelförmiger Schnabel. Die Vögel sind scheu und eher selten anzutreffen. Brutgebiete finden sich vor allem auf Texel, aber auch auf Griend (s. S. 106). Zum Überwintern fliegen sie an die westafrikanische Küste.
- **Pfuhlschnepfe:** Aufgrund seines Rufes „grü-to" heißt der braun-weiße Vogel mit den langen Beinen und dem braunroten, langen Schnabel im Niederländischen auch *grutto* (s. S. 103).
- **Regenbrachvogel:** Der braun-weiße Vogel mit dem langen, gebogenen Schnabel ist ein wahrer Marathonflieger und reist – nach einem Stopp im Wattenmeer – weiter bis nach Afrika (im Herbst) oder Skandinavien (im Frühjahr, meist Ende April).
- **Rotschenkel:** Tatsächlich hat dieser im Niederländischen als *tureluur* bezeichnete Vogel lange, hellrote Beinchen und einen langen, geraden Schnabel. Zu finden ist er eher auf den Wiesen als am Meer – hier brütet er auch.

Mit seinem löffelförmigen Schnabel sucht der Löffler nach Nahrung

082te-ug

- **Säbelschnäbler:** Der im Niederländischen *kluut* genannte Vogel kommt zum Brüten auf die Watteninseln. Den Winter verbringt er lieber in den wärmeren Gefilden des Mittelmeers. Mit seinem langen, säbelförmigen, schwarzen Schnabel, den langen Beinen und dem schwarzweißen Federkleid ist er eine elegante Erscheinung.

KURZ & KNAPP

Grutto, der Langstreckenflieger

Viele **Pfuhlschnepfen** überwintern an der afrikanischen Westküste und ziehen ins Sommerlager nach Sibirien. Eine Zwischenstation legen sie im Wattenmeer ein, um sich einen Monat lang den Bauch für den Weiterflug vollzuschlagen. Sie **fressen Tag und Nacht.** Der bekannte Wattenbiologe Theunis Piersma hat die Nahrungsaufnahme der Pfuhlschnepfe auf den Menschen umgerechnet: Die Essensmenge entspricht 60 mit Käse belegten Butterbroten pro Tag. Danach sind sie kräftig genug, um die **4500 km lange Reise nach Sibirien** an einem Stück zurücklegen zu können. Dort brüten sie, kehren aber Mitte Juli wieder ins Wattenmeer zurück, bevor sie im Herbst nach Afrika weiterziehen.

- **Sandregenpfeifer:** Auch dieser Vogel besucht das Wattenmeer nur auf seinem Durchzug nach Nordeuropa. Er hat einen hübschen, braunen Kopf mit einem „weißen Schal" um den Hals.
- **Steinwälzer:** Auch dieser braun-weiß-schwarze, rund 20 cm große Vogel ist nur ein vorübergehender Besucher des Wattenmeers, aber ein sehr interessanter. Durch Umdrehen von Steinen und Muscheln findet er seine Nahrung.

Terschellings Flora

So klein die Fläche der Insel auch sein mag, so groß ist der Reichtum an Pflanzen. Laut Ecomare, dem Naturzentrum des Wattenmeers auf Texel, finden sich neun **Biotope** mit unzähligen Übergangsbereichen auf der Insel. Im Jahr 2006 wurden mehr als 700 Pflanzenarten (u. a. 14 Orchideenarten!) gezählt, darunter 100 gefährdete Arten. Von einigen Pflanzen kommen Millionen Exemplare auf der Insel vor, während sie im Rest des Landes nur selten zu finden sind.

Die Wiesen Terschellings sind die perfekte Kinderstube für Jungvögel

081te-ug

In den Dünen

In den Dünen findet man – auch wenn es auf den ersten Blick nicht so aussieht – eine vielfältige Flora und Fauna. Die **Stranddistel** mit ihrem bläulichen, stacheligen Kopf und der stark verbreitete, langstielige **Strandhafer** wachsen direkt auf den Sandflächen.

Weiter landeinwärts stößt man auf **Sanddorn** mit seinen orangefarbenen Beeren, die Gräser der **Strandquecke** und die weiß sowie rosa blühende **Dünenrose.** Auf den Dünenwiesen wachsen wilde Orchideen (Details s. unten) sowie **Rauschbeere** und **Bärentraube.**

Am Rande der Binnendünen findet man die **Schwarzerle,** die auch auf nassem, nährstoffarmem Boden wachsen kann. Auf Terschelling haben sich sogar kleine Schwarzerlenwälder gebildet, die es auf keiner anderen Wattenmeerinsel gibt.

Orchideen

Zu den Orchideenarten auf Terschelling zählt etwa der **Mücken-Händelwurz** mit rosafarbenen Blüten.

Das **Kleine Knabenkraut** mit seinen knallig lilafarbenen Blüten wächst vor allem auf der Boschplaat und am Dünensee Koegelwieck, interessanterweise direkt neben dem Radweg. Der Grund: Das Kleine Knabenkraut liebt kalkhaltige Böden. Und weil die Radwege auf der Insel mit zermahlenen Muscheln bedeckt sind, bekommt das Knabenkraut durch den Wind seine Portion Kalk zum Wachsen. Zählungen ergaben, dass auf der Boschplaat fast 2000 Exemplare des Kleinen Knabenkrauts wachsen.

Das **Gefleckte Knabenkraut** mit seinen rosa-weißen oder violett gefleckten Blütenblättern ist wunderschön anzusehen und ebenfalls auf der Boschplaat sowie in feuchten Dünentälern anzutreffen.

Eine weitere Orchideenart, aber als solche kaum zu erkennen, ist das **Große Zweiblatt.** Der Name verrät es bereits: Die Pflanze besteht aus zwei großen Blättern, ergänzt durch einen langen Blütenstängel mit kleinen, grünen Blütenblättern. Das **Kleine Zweiblatt** heißt auch Herz-Zweiblatt, weil seine beiden Blätter herzförmig sind. Es ist schwer zu erkennen, da es sehr klein (nur 7–10 cm hoch) und relativ unscheinbar ist und versteckt unter Nadelbäumen im Dünenwald wächst. Erst 1953 wurde es auf Terschelling entdeckt. Unter einer dicken Schicht Nadeln fühlt es sich besonders wohl – und es vermehrt sich schnell. Ein paar Millionen Exemplare soll es auf der Insel geben.

Die Pflanze teilt sich ihren Lebensraum im Nadelwald mit dem immergrünen **Kriechenden Netzblatt,** einer weiteren Orchideenart, die im Niederländischen *dennenorchis* (Kiefernorchidee) heißt.

Die **Bocksorchis,** auch bekannt als Bocks-Riemenzunge, hat leicht zerfledderte Blüten, die nach Ziegenbock riechen sollen. Ungefähr 20 Exemplare blühen bei Formerum 20 in Richtung Strand, und zwar an der Stelle, an der sich Radweg und Straße trennen.

Von den Anfängen bis zur Gegenwart

Wahrscheinlich waren es Friesen, die zu Fuß bei Ebbe durch das Wattenmeer nach Terschelling kamen. Die unwegsame Insel war der ideale Ort für Menschen, die ihre Freiheit und Unabhängigkeit liebten. Und daran hat sich bis heute nichts geändert.

Wie die Watteninseln entstanden

Zusammen mit den **Schwesterinseln Ameland und Schiermonnikoog** entstand Terschelling vor etwa 10.000 Jahren. Vorher lag zwischen den Niederlanden und England kein Meer, sondern eine **Tundralandschaft.** Jäger und Wollnashörner konnten sich (fast) trockenen Fußes zwischen den Landmassen bewegen. Nach der letzten **Eiszeit** schmolzen die Eiskappen am Nordpol und setzten die Tundralandschaft unter Wasser. Das Nordseebecken entstand und führte große Mengen Sand mit sich, die sich vor der Küste ablagerten.

Vor der deutschen und niederländischen Küste bildete sich eine **Dünenreihe,** die sich bis nach Esbjerg an der Westküste Dänemarks erstreckte. Im Laufe der Zeit bahnten sich das Meer und in die Nordsee mündende Flüsse Wege durch diese Dünenreihe. Einige Einkerbungen wurden größer und entwickelten sich zu Meerengen.

Zwischen diesen Meerengen entstanden Inseln: die **Watteninseln.** Nördlich der niederländischen Watteninseln erstreckt sich die Nordsee, südlich davon das **Wattenmeer,** das durch die **Gezeiten** geprägt wird. Das Auf und Ab des Wassers und die sich verändernden Strömungen sind der Grund dafür, dass sich das Wattenmeer laufend verändert. Sandbänke und Inseln entstehen, wandern und verändern ihre Formen.

Wilde Orchideen gibt es auf der Insel zuhauf

Entstehung von Terschelling

Auch Terschelling veränderte sich im Laufe der Jahrhunderte: Im Mittelalter verschmolz die Sandbank De Schelling mit der östlichen Insel **Wexalia.** Dies war der mittelalterliche Name für Oost-Terschelling. Ein weiterer Zuwachs war die **Boschplaat** 32, eine Sandbank zwischen Terschelling und Ameland im sog. **Koggediep,** einer wichtigen Seeroute. Als diese Zufahrt zur Nordsee versandete, wuchs im 17. Jahrhundert die Sandbank im Osten der Insel an.

Bis heute haben die niederländischen Watteninseln die Neigung, gen Osten zu wandern: Im Westen wird Land vom Meer abgeschlagen, im Osten wachsen Sandbänke an. Heute müssen die Watteninseln von Menschenhand geschützt werden, um so zu bleiben, wie sie sind.

Von Grafen und Grietmännern

Was die schützende Hand betrifft: Diese lag lange Zeit weit weg von der Insel. Auch wenn Terschelling seit dem 9. Jahrhundert bewohnt war, so hatten die „Insel-Besitzer“ relativ wenig Interesse an dem Eiland. Es lag einfach viel zu weit entfernt und außerhalb ihres Blickfelds – was wiederum den Insulanern relativ große Freiheit bescherte. Sie konnten mehr oder weniger tun und lassen, was sie wollten.

Griend: unbewohnte Vogelinsel

Griend ist eine Watteninsel südwestlich von Terschelling, in Richtung Harlingen. Sie existierte schon im Mittelalter, damals gab es dort sogar ein kleines Kloster. Während der Luciaflut von 1287 wurde ein großer Teil der Insel weggespült. Danach lebten nur noch wenige Bauern mit ihren Schafen und Kühen dort. Im 18. Jahrhundert verließen die letzten Bewohner das Eiland.

Früher war Griend so groß wie Texel, heute beträgt die Landfläche bei Flut ca. 50 ha. Doch weil das Wattenmeer an der Insel – vor allem an der Südseite – nagt, wird Griend stetig kleiner. Damit das Eiland erhalten bleibt, wird regelmäßig Sand vom Meeresboden über lange Rohre an den Strand gepumpt. Ohne menschliche Hilfe kann das kleine Eiland nicht überleben.

Seit 1917 ist Griend im Besitz der Naturschutzorganisation Natuurmonumenten und hat sich zum Vogelparadies entwickelt: Rund 30.000 Vogelpaare brüten jedes Jahr auf Griend, u. a. die bedrohte Brandseeschwalbe. Die im Meer rund um die Insel lebenden Garnelen sind ein wichtiges Nahrungsmittel für Zugvögel. Vor allem der Sanderling findet sich deswegen gerne auf Griend ein: Vor ein paar Jahren wurden dort 20 Prozent der Weltpopulation des Vogels gezählt. Das weiß man, weil auf Griend ein Vogelbeobachtungsposten steht, von dem aus Ornithologen die Insel überwachen und Vögel zählen. Neben Vögeln ziehen auch Robben ihre Jungen auf Griend auf. Ende 2019 waren es 109 Jungtiere.

Im Jahr 922 bekam der holländische Graf Dirk I. die Insel von Karl dem Einfältigen geschenkt und vererbte sie an seine Söhne weiter. Erst 400 Jahre später kam der damalige Inselbesitzer, Graf Wilhelm III. von Bayern, auf die Idee, aus der Insel im fernen Norden Kapital zu schlagen und von seinen Rechten Gebrauch zu machen. Dazu gehörten das Einkassieren von Geldbußen und die Einkünfte aus Fundstücken, die am Strand angeschwemmt wurden. In den darauffolgenden Jahren stellte die **Familie Popma**, Großgrundbesitzer auf der Insel, den **Grietmann**, eine Art Richter und Bürgermeister. Die Popmas machten ihren Job nicht schlecht und handelten mit dem englischen König Edward IV. Zollfreiheit und ungehinderte Fahrt für die Flotte der Insel aus.

Um 1500 endete die Periode der Popmas und es gab Gerangel um Terschelling. Im Jahr 1560 wollten die damaligen Besitzer, Johan de Ligne und Margaretha van der Marc, ihre Insel an Amsterdam verkaufen. Die Stadt jedoch zeigte wegen des dort lebenden „wüsten und wilden Volkes" kein Interesse. Im Jahr 1615 wurde die Insel für 52.000 Gulden plus 3000 Gulden für „Luxusgüter" an die **Staten van Holland** (die Ständevertretung der Provinz Holland) verkauft.

Von Seeräubern und Friesen

Während des **Achtzigjährigen Krieges** (1568–1648) war Terschelling Zufluchtsort der **Wassergeusen**, die als Seeräuber auf die Insel kamen. Sie brandschatzten die Strieper Kircher und ein kleines Schloss der Familie Aremberg, den damaligen „Heren von Terschelling", das südlich des Strieper Friedhofs (18) gelegen war.

Später gewannen die Wassergeusen aufgrund eines Bündnisses mit Wilhelm von Oranien an Ansehen, denn er stattete sie mit Kaperbriefen aus. Von Terschelling aus konnten die Geusen auf See gegen die Spanier Krieg führen, die den Süden der Niederlande besetzt hielten.

Im zweiten Krieg zwischen der niederländischen Republik und England (1665–1667) gelangte Terschelling zwischen die Fronten. Im August 1666 überfielen die Engländer Terschelling und brannten West-Terschelling fast vollständig nieder, was in die Inselgeschichte als **„Engelse Furie“** einging. Rund 140 der 170 im Seegatt Vlie (s. S. 76) zwischen Terschelling und Vlieland ankernden Handelsschiffe fielen den Flammen zum Opfer. Das war ein harter Schlag für die niederländische Seeflotte.

1810 fiel die niederländische Republik in die Hände der Franzosen. Terschelling wurde zusammen mit Vlieland, Ameland und Schiermonnikoog dem Departement **Friesland** zugeteilt. Das ist noch heute so, wobei es zeitweise auch eine Periode gab, als das Eiland zur Provinz Nordholland zählte (1814–1941).

Der Zweite Weltkrieg

In strategischer Hinsicht was Terschelling für die deutschen Besatzer sehr wichtig, denn an der Nordostküste der Insel verlief der **Atlantikwall**, der sich bis nach Norwegen erstreckte und Teil der **Organisation Todt** war, die dort Bunker errichtete. Auch der Hafen 2 der Insel war ein erstklassiger Stützpunkt für die deutsche Flotte. Über 2200 Soldaten waren während des Zweiten Weltkrieges auf Terschelling stationiert (auf drei Terschellinger kamen damals zwei Soldaten!). Ein Großteil der Insel wurde zum Sperrgebiet erklärt und die Inselbewohner mussten beim Bau der riesigen Bunkerkomplexe helfen, der „Tigerstelling“ (siehe Bunkermuseum 13). Zum Glück kam es auf der Insel selber kaum zu Verwüstungen durch Kriegshandlungen.

Die Blütezeit des Seehandels erlebten die Niederlande vom 16. bis zum 18. Jh. Angriffe und Kriege zur See waren an der Tagesordnung.

084te-ug

Geschichtlicher Abriss

850: Die ersten Anzeichen menschlicher Besiedlung stammen von einer kleinen Holzkirche auf einer Anhöhe bei Striep. Die ersten Bewohner sind vermutlich Friesen vom Festland.

985: Die Insel kommt in den Besitz holländischer Grafen.

1287: Die Luciaflut, bei der an der Nordseeküste vermutlich 50.000 Menschen sterben, gibt dem Wattenmeer seine heutige Form.

15. Jh.: Der Aufstieg der Hansestädte bringt Wohlstand nach Terschelling.

1594–1597: Der Terschellinger Willem Barents (s. S. 21) führt drei Expeditionen durch, um über die Nordroute einen Weg nach Asien zu finden.

1615: Der letzte holländische Graf, in dessen Besitz die Insel ist, verkauft das Eiland an die *Staten van Holland,* die Ständevertretung der Provinz Holland. Dennoch bleibt Terschelling relativ unabhängig, mit einer eigenen Verwaltung.

1666: „Engelse Furie". Ein großer Brand, ausgelöst durch kriegerische Auseinandersetzungen, zerstört ganz West-Terschelling 1 – mit Ausnahme weniger Gebäude wie dem Leuchtturm Brandaris 6.

17. Jh.: Der Walfang wird zu einer wichtigen Einnahmequelle (s. S. 23).

1799: Untergang des Goldschiffs Lutine (s. S. 51)

1866: Die Sandbank Noordsvaarder 10 erreicht Terschelling.

19. Jh.: Der Handel verlagert sich auf andere Schifffahrtswege und Terschelling verliert seine bisherige Stellung. Die Viehzucht und der Fischfang gewinnen an Bedeutung.

1916: Der Badeort West aan Zee [D3] entsteht.

1942: Terschelling kommt endgültig zur Provinz Friesland.

1942–1945: Terschelling ist von den Deutschen besetzt.

1945: Nach dem Zweiten Weltkrieg entwickelt sich der Tourismus, der zur wichtigsten Einnahmequelle des Eilands wird.

2016: Errichtung eines Sonnenparks auf der Insel

2020–2021: Während der Corona-Krise werden die Gästebetten auf Terschelling hauptsächlich von Niederländern belegt, dennoch bleibt die Insel ein beliebtes Reiseziel.

Bis 2023: Terschelling soll grüner werden, z. B. durch einen elektrisch angetriebenen Gepäcktransport.

Bis 2025: Maßnahmen wie die Schaffung von bezahlbarem Wohnraum und attraktiven Arbeitsplätzen sollen dazu beitragen, die jungen Leute auf der Insel zu halten.

Tourismus auf Terschelling

In den Orten an der niederländischen Küste wie Scheveningen, Zandvoort und Domburg trudelten schon im 19. Jahrhundert die ersten Badegäste ein. Kein Wunder, denn diese Küstenorte waren schneller und bequemer erreichbar als die Inseln im Wattenmeer. Erst mit der Einführung einer regelmäßigen Fährverbindung mit dem neuen **Raddampfer „Minister Kraus"** im Jahr 1907 entwickelte sich der Tourismus auf Terschelling langsam. Es waren anfangs vor allem Sonntagsausflügler, die auf die Insel fuhren. Für die Insulaner waren die Ausflugsgäste wahre Exoten, die während des Landgangs neugierig begutachtet wurden. Unter den ersten Besuchern war auch Prinz Hendrik, der drei Tage blieb und sich über das Rettungswesen vor Ort informierte. Die ersten „echten" Urlauber kamen bei Privatleuten unter. Nur die Insel Ameland war Vorreiter und errichtete eigens ein „Badhotel".

Erst nach dem **Zweiten Weltkrieg,** mit zunehmendem Wohlstand, konnte man sich mehrere Tage Urlaub leisten. In West-Terschelling 1 und Midsland 16 wurden Pensionen eröffnet. Auch viele Bauern erkannten in der Vermietung von Fremdenzimmern einen willkommenen Nebenverdienst.

Im Jahr 1960 kamen 45.000 Besucher auf die Insel, 1971 waren es bereits 123.000. Diese **Zunahme der Touristenzahlen** stellte den Gemeinderat der Insel vor große Herausfor-

Die Terschellinger Flotte im Miniformat

Fischerei auf der Insel

Solange Menschen auf Terschelling wohnen, wird – um den Eiweißbedarf zu decken – auch gefischt. Im Wattenmeer wurde das auf folgende Art und Weise getan: Man setzte Pfähle in den Wattenmeerboden und befestigte daran Netze, die immer enger wurden. Bei ablaufendem Wasser gerieten die Fische in die Netze – und somit in eine Falle.

Auch gab es eine Fischereiflotte, die weiter hinaus auf die Nordsee fuhr. Im Jahr 1665 ereignete sich eine Katastrophe: Während eines heftigen Sturms sanken einige Schiffe und mit ihnen starben 42 Fischersleute. Zurück blieben die Witwen und Waisen. 126 Insulaner verloren einen geliebten Menschen.

Das Ende der Fischerei auf der Insel läutete jedoch ein anderer Umstand ein. Da man nach dem Ersten Weltkrieg nicht in die Modernisierung der Fischereiflotte investierte, zogen die Anwohner des IJsselmeers an den Terschellingern vorbei. So ist die Flotte von Urk heute eine der bedeutendsten des Landes. Die Terschellinger Fischer suchten sich einen anderen Broterwerb oder verließen die Insel. Heutzutage gibt es nur noch eine kleine Flotte von Garnelenfischern, die auch Touristen mit an Bord nimmt (TS3-Viking, s. S. 127).

085te-ug

KURZ & KNAPP

Zur Schule aufs Festland

Da es auf der Insel **keine weiterführende Schule** gibt, müssen die Kinder aufs Festland ziehen, wenn sie beispielweise ein Gymnasium besuchen möchten. Dabei tun sich oftmals mehrere Familien zusammen und mieten gemeinsam eine Wohnung, in der die Kinder dann ab ungefähr 12 Jahren im Rahmen einer Wohngemeinschaft zusammenleben, z. B. in Harlingen. Das führt dazu, dass Terschellinger Kinder schon früh selbstständig werden.

derungen, denn die **Versorgung** der vielen Gäste mit Trinkwasser, Gas und Elektrizität in den Sommermonaten, aber auch die medizinische Versorgung musste den neuen Anforderungen angepasst werden. Das aus den Dünen gewonnene **Trinkwasser** reichte kaum mehr aus; dies führte zu einer Austrocknung des Bodens. Die Lösung: Heute kommen Strom und Trinkwasser – insbesondere im Sommer, wenn viele Touristen vor Ort sind – zum Teil vom Festland.

Während deutsche Nordseeinseln wie Sylt und Norderney einen echten Kurortcharakter mit schicken Boulevards und Luxushotels bieten, blieben die niederländischen Watteninseln **bodenständiger.** Viele Touristen übernachten nach wie vor im Zelt auf Campingplätzen oder in einfachen Ferienhäusern. Große, mehrstöckige Hotels gibt es – bis auf wenige Ausnahmen – bis heute nicht, was allerdings dazu führt, dass die relativ **wenigen Unterkünfte** in der Hochsaison schnell ausgebucht sind, es sei denn, man hat rechtzeitig (Monate im Voraus!) gebucht. Der Vorteil: Trotz Hochsaison ist es auf Terschelling nie voll.

Inzwischen nehmen jährlich über 450.000 Besucher die Fähre nach Terschelling; die meisten bleiben mehrere Nächte (5,7 im Durchschnitt). 85 % der Besucher sind „Wiederholungstäter", größtenteils aus den Niederlanden.

Der **Tourismus** ist inzwischen die **Haupteinnahmequelle** der Inselbewohner. Zählten die Watteninseln im 19. und zu Beginn des 20. Jahrhunderts zu den ärmsten Gebieten der Niederlande, hat sich das inzwischen geändert.

Einige Touristen kommen mit dem **eigenen Boot** nach Terschelling. Andere gehen auf der Insel an Bord eines Schiffes der sogenannten **Braunen Flotte.** Das sind historische Segelschiffe, die an ihren braunen Segeln erkennbar sind. Im Durchschnitt sticht ein Schiff der Braunen Flotte zu einem mehrtätigen Segeltörn mit 20 Passagieren in See.

Weil Terschelling so schön, ruhespendend und vom Massentourismus verschont geblieben ist, hat sich so mancher reiche Binnenlandbewohner in den Dünen von West und Midsland aan Zee seinen Traum vom **Ferienhaus** erfüllt. Um den knappen Wohnraum für die eigenen Leute zu erhalten, hat die Gemeinde ein **Gesetz** verabschiedet. Dieses schreibt vor, dass nur solche Leute ein Haus bis 470.000 € kaufen dürfen, die entweder auf der Insel arbeiten oder früher mindestens sechs Jahre auf Terschelling gelebt haben. So möchten man den Ausverkauf der hübschen kleinen Inselhäuser an „Zugereiste" verhindern.

086te-ug

An- und Rückreise

Anreise per Fähre

Von **Harlingen** auf dem Festland aus geht es mit der **Reederei Doeksen** (s. rechts) auf die Insel. Insgesamt 15 km Luftlinie trennen Terschelling vom Festland, die Route ist jedoch länger, da sich die Fahrrinne durch die Untiefen des Wattenmeers windet und es nicht auf direktem Wege nach Terschelling geht. Der Grund für diese Schlangenlinien ist u. a. die unbewohnte Insel Griend (s. S. 106), die rechter Hand zu sehen ist.

Reisende haben die Wahl zwischen dem **Schnelldienst** *(sneldienst)* und den **regulären Fähren** (Willem de Vlamingh und Willem Barentsz). Der Schnelldienst braucht 50 Min. für die Überfahrt, die reguläre Fähre 120 Min. Die Zeitersparnis mit dem Schnelldienst hat allerdings ihren **Preis:** So zahlt ein Erwachsener um die 43 € für die Hin- und Rückfahrt, die reguläre Fähre kostet – je nach Saison – nur zwischen 22 € und 29 €. Reguläre Fähre und Schnelldienst verkehren in der Hochsaison ungefähr 5-mal am Tag, in der Nebensaison jeweils 3-mal pro Tag.

Möchte man das **Auto** mitnehmen, muss man die **reguläre Fähre** nehmen. Die Kosten für den Pkw betragen im Sommer ca. 170 € pro Überfahrt. Es gibt einen Sonderpreis zu 130 € für bestimmte sehr frühe oder späte Abfahrten. Zum Preis fürs Auto kommen die Kosten für die Mitfahrenden hinzu. Die Überfahrt für ein **Wohnmobil** kostet um die 230 € (im Winter und zu speziellen Zeiten günstiger), für ein **Auto plus Wohnwagen** zahlt man im Sommer rund 340 €.

Eine **vorherige Reservierung** ist notwendig. Am besten bucht man weit im Voraus, denn die Plätze für Autos auf der Fähre sind begrenzt. Landet man im Stau und verpasst die Überfahrt, dann bekommt man nur mit viel Glück einen Platz auf dem nächsten Boot. Besser ist es, **ausreichend Zeit einzuplanen.**

Tipp: 20 % sparen kann man, wenn man eine Fährverbindung zu den weniger beliebten Zeiten nimmt, d. h. die Fähre Harlingen – Terschelling abends um 19.45 Uhr und die Fähre Terschelling – Harlingen morgens um 7.30 Uhr.

KURZ & KNAPP

Reederei Doeksen

Die Reederei ist heute der **größte Arbeitgeber auf der Insel.** Gegründet wurde sie von **Gerrit Doeksen,** geboren 1861. Er fuhr bereits als Fünfzehnjähriger auf der Tjalk (einem Segelschiff) seines Vaters mit und half ihm, Muschelsaat von Terschelling nach Zeeland zu bringen. Auf der Rückreise nahmen sie Material zur Küstenbefestigung sowie Steinkohle und Torf für ihren eigenen Kohlenhandel mit. Nachdem die Familie jahrzehntelang Transport- und Bergungsschiffe sowie „Muschelsauger“ besaß, übernahm sie 1923 den Fährdienst zwischen Harlingen und Terschelling sowie Vlieland. Die täglich verkehrende Fähre trug maßgeblich zum **Anstieg der Touristenzahlen** bei.

Vorseite: Eine Treppe führt hinauf zur Kaapsdune 30 bei Oosterend 28

Vorfreude auf den Urlaub: die Fähre bringt die Gäste auf die Insel

Sein **Ticket** kauft man am besten online über die Website der Reederei, die auch in deutscher Version vorliegt. Fußgänger können Resttickets auch direkt am Fährhafen erwerben.

› **Infos und Buchung:** www.rederij-doeksen.nl/de, Tel. +31 (0) 889000888 (Ortstarif)

› **Fährhafen Harlingen** <106> Rederij Doeksen, Wadden Promenade 5

Anfahrt nach Harlingen mit dem Auto

Harlingen ist ein sehr schönes Hafenstädtchen, das einen Besuch wert ist. Erreichbar ist der Ort über die **A 31** von Leeuwarden aus sowie über die **N 31** von Weste über den Afsluitdijk (Abschlussdeich IJsselmeer).

Wer nach der Ankunft noch einen Zeitpuffer hat, kann einen Stadtbummel in Harlingen unternehmen und im **Brauerei-Restaurant Het Brouwdok** am Hafen einen Hotdog essen oder eines der guten, selbst gebrauten Biere genießen, inklusive Blick auf historische Segelschiffe und Fischkutter.

› **Het Brouwdok** <107> Nieuwe Willemskade 8, Harlingen, Tel. 0517 235363, www.hetbrouwdok.nl, geöffnet: tägl. 11–23 Uhr

Es gibt in Hafennähe einen **kleinen Parkplatz** (Parkeerterrein „de Bezuin“). Wer länger auf Terschelling bleiben möchte, der sollte sein Auto auf dem **großen Parkgelände** stehenlassen, das etwas weiter weg ist (1,3 km, ca. 16 Min.), aber über einen **kostenlosen Shuttlebusservice** zum Fähranleger verfügt.

› **Parkeerterrein „de Bazuin“** <108> Zeilmakersstraat 2, ca. 300 m vom Fährhafen entfernt, www.parkeren-harlingen.nl (nur auf Niederländisch), Tel. 0517 412986. Kein Pendelbus. Tarife: 30 €/Tag (Hochsaison Anf. Juni–Anf. Sept. 40 €/Tag), 66 € für eine Woche (Hochsaison 76 €). Am besten im Voraus online reservieren.

› **Lang parkeren (P1/P2/P3)** <109> Zuidwalweg/Ecke Harlingerstraatweg, www.parkerenharlingen.nl/de (auch auf Deutsch), Tel. 0517 413527 (erreichbar tägl. 7–20.30 Uhr). Tarife: 14 €/Tag in der Hochsaison, 56 € für eine Woche. Am besten im Voraus online reservieren.

Anfahrt nach Harlingen mit dem Zug

Die Züge aus **Leeuwarden** halten ca. 5 Min. vom Fährhafen entfernt an der Station **Harlingen Haven** (ca. 30 Min. Fahrt). Aus Köln reist

087te-ug

Fisch zur Begrüßung

Gerade **mit der Fähre angekommen** und ein leichtes Hungergefühl in der Magengegend? Dann schnell einen Hering oder *kibbeling* (frittierter Fisch) beim **Vishandel Van Dijk** (s. S. 40) holen! Der Fischstand steht direkt am Hafen ❷ und bietet köstlichen Fisch mit Pommes an.

man z. B. via Utrecht oder via Arnheim/Zwolle an (Fahrtdauer: ca. 4,5–5 Std.). Weitere Infos liefert die Website der niederländischen Bahn:

› www.ns.nl (auch auf Englisch)

Weiterreise zum Urlaubsort

Reisende kommen am Fährhafen von West-Terschelling ❶ an, liefern ihr **Gepäck** beim Radverleih Zeelen oder Tijs Knop (beide s. S. 33) am Hafen ab und bekommen ein Rad, mit dem sie zur **Unterkunft** fahren. Das Gepäck wird geliefert. Das gleiche gilt für die **Rückfahrt:** Man gibt das Gepäck an der Hotelrezeption oder an einem eigens aufgestellten Gepäckständer ab, der Radverleih holt die Koffer und bringt sie zur Fähre. Man muss den Rücktransport allerdings einen Tag vorher anmelden.

088te-ug

Anreise mit dem Flugzeug

Die Anreise vom **Amsterdamer Flughafen Schiphol** nach Terschelling ist etwas mühsam und beansprucht rund 3 Std. Erst fährt man mit dem Zug nach **Hoorn** oder **Alkmaar** in der Provinz Nordholland und nimmt von dort zwei weitere Busse, bis man in Harlingen am Fährhafen ankommt. Genauere Angaben zu den Zeiten und Transportmitteln sind auf www.ns.nl zu finden.

Anreise mit dem eigenen Boot

Natürlich kann man auch mit dem eigenen Boot nach Terschelling reisen und dort im **Jachthafen (Passantenhaven)** anlegen. Wie viele **Liegeplätze** aktuell frei sind, ist der Website zu entnehmen. Der Hafen ist das ganze Jahr über geöffnet. Von Nov. bis 1. März gilt ein Wintertarif von 0,45 € pro m² und Nacht, im Sommer 0,76 € pro m² und Nacht (plus Touristensteuer). Die Stromabrechnung erfolgt über einen kWh-Zähler. Übrigens weht über dem Jachthafen von Terschelling die Blaue Flagge – Einrichtungen und Wasserqualität sind somit hervorragend.

■ **Passantenhaven Terschelling** <110> Werkhaven 1, West-Terschelling, Tel. 0562 443337, www.jachthaventerschelling.nl

› **www.waddenhavens.nl/terschelling:** Infos über die Verfügbarkeit von Liegeplätzen, Wetter, Gezeiten und wie man sicher und verantwortungsbewusst nach Terschelling segelt (nur auf Niederländisch)

◁ *Von der Fähre geht es direkt aufs Fahrrad – das Gepäck wird direkt zur Unterkunft geliefert*

Ausrüstung und Kleidung

Wer nach Terschelling reist, sollte wegen der schönen Natur und der typischen Inselhäuser seine **Kamera** nicht vergessen. Ist ein Urlaub im Sommer geplant, dann auf jeden Fall die **Strand- und Badesachen** einpacken! Dabei sollte man allerdings bedenken, dass alles aufs Fahrrad gepackt oder vom Parkplatz an den Strand geschleppt werden muss. Praktisch ist ein (leicht zu tragender) Windschutz in Form einer **Strandmuschel**, die auch Schatten spendet. Solche Strandmuscheln gibt es bereits für 30 € – eine lohnende Investition. Was man dagegen zu Hause lassen kann, sind Schlauchboote und Luftmatratzen. Aufgrund der starken Strömung sind sie zu gefährlich.

An vielen Tagen des Jahres weht der Wind. Vor allem im Frühling kann es auch an sonnigen Tagen in schattigen Bereichen, etwa im Wald, relativ kühl sein. Auch am Strand und am Wattenmeer bläst meistens eine steife Brise. Die beste Inselkleidung ist der **„Zwiebellook“**: mehrere Schichten übereinander, am besten mit Regenjacke.

Unbedingt mitnehmen oder vor Ort kaufen sollte man einen **Sonnenschutz** mit hohem Lichtschutzfaktor. Denn selbst bei leicht bewölktem Wetter kann die Haut während eines Strandspaziergangs Schaden nehmen. Eine **Kopfbedeckung** ist ebenfalls sinnvoll.

089te-ug

Wer seinen warmen Pullover vergessen hat, findet vor Ort stylishe Hoodies mit Terschelling-Print

Autofahren

Ein Auto ist auf Terschelling eigentlich überflüssig, denn das **Hauptverkehrsmittel** ist das **Fahrrad** (s. Radfahren auf S. 77). Wer aber viel Gepäck dabei hat, möchte sein Auto vielleicht auf die Insel mitnehmen (nur auf dem regulären Fährdienst möglich, Details s. S. 112). Ansonsten kann man sein Fahrzeug auf dem Festland kostenpflichtig abstellen.

Ist man erst einmal auf der Insel, ist das Fahren angenehm: Es gibt **eine einzige Hauptstraße**, die sich von West-Terschelling ❶ geradeaus bis in den Osten nach Oosterend ㉘ erstreckt – Verfahren kann man sich also nur sehr schwer.

Weiterhin gibt es **keine Parkplatzprobleme**, das Parken ist in der Regel kostenlos.

Tankstellen gibt es in Midsland ⑯ (Midslander Hoofdweg 5) direkt an der Hauptstraße und in Landerum [E3] (Landerum 10–12).

Mietwagen und -roller

- **Autoverhuur Visser** <111> Verlengde Boomstraat 1, West-Terschelling, Tel. 06 46875904, www.autoverhuur-terschelling.nl. Seit 50 Jahren vermietet Visser Autos auf der Insel; inzwischen sind auch Elektroroller dazugekommen. Einen Kleinwagen gibt es ab 45 €/Tag.
- **Wiegman Verhuur** <112> Verlengde Boomstraat 7, West-Terschelling, Tel. 06 46875904, www.autohurenter schelling.nl. Auch hier gibt es Autos ab 45 €, außerdem Tuk-Tuks, Geländewagen-Cabrios und Roller.

Barrierefreies Reisen

Barrierefreie Infrastruktur

In West 1 befinden sich **barrierefreie Toiletten** im Museum 't Behouden Huys 3, im Grandcafé Het Raadhuis (s. S. 37) und im Centrum voor Natuur en Landschap 8. In West aan Zee gibt es im Paal 8 Hotel aan Zee (s. S. 33) eine für Rollstühle zugängliche Toilette und **behindertengerechte Hotelzimmer.** In Oosterend 28 bieten Puur Terschelling (s. S. 65) und das Heartbreak Hotel 31 barrierefreie Toiletten. Der **Bus** auf Terschelling ist perfekt für Rollstuhlfahrer geeignet.

› Diese und viele weitere Tipps stammen vom Blog „Elke Droomt" (www.eelke droomt.nl).

Strandrollstühle

Um den breiten Strand für alle zugänglich zu machen, bietet die Terschellinger Ondernemersvereniging (Unternehmervereinigung) Strandrollstühle an, die von Frühjahr bis Ende Oktober in den **Strandpavillons West aan Zee** (s. S. 38), De Branding (s. S. 47) in **Midsland aan Zee,** bei der Zandzeebar (s. S. 53) in **Formerum aan Zee** und beim Heartbreak Hotel am **Strand von Oosterend** (hier gibt es auch einen Catweazle, einen elektrischen Strandrollstuhl) ausgeliehen werden können. Die Stühle lassen sich nicht vorab reservieren.

Spazierwege für Rollstuhlfahrer

› Rund um die **Doodemanskisten** 12

› **Kaapsduin** 11: Von der Strandbar De Walvis (s. S. 36) führt ein betonierter Weg hinauf zur Aussichtsdüne.

Rollstuhlgeeignetes Taxi

› **Taxi Bakker** <113> Nieuwe Dijk 39, West-Terschelling, Tel. 0562 442222 u. 06 88882222, www.terschellingtaxi.nl

Barrierefreie Ausflüge

› Mit der **Kutsche ins Naturschutzgebiet Boschplaat** 32, ein Angebot von Puur Terschelling (s. S. 126)

› Mit der **TS3-Viking** zum Garnelenfischen und zu den Seehundbänken (s. S. 127)

› Weitere **Ausflugstipps** der Touristeninformation: www.vvvterschelling.de/search/rollstuhl

Geldfragen

In den Niederlanden hat sich die **Bezahlung mit Debitkarte bzw. Girocard** *(pinnen)* durchgesetzt und wird in vielen Geschäften sogar bevorzugt. Die Bezahlung per **Kreditkarte** ist ebenfalls möglich, am ehesten funktioniert sie in Hotels. Bei kleineren Beträgen ist die Kreditkartenzahlung aufgrund der anfallenden Gebühren nicht so gern gesehen.

Geldautomaten *(pinautomaat)* gibt es u.a. in der Torenstraat 56 in West-Terschelling 1 (ING-Bank) und in der Haupteinkaufsstraße in Midsland 16, Oosterburen 45 (Geldmaat).

Das **Preisniveau** bei den **Unterkünften** ist recht hoch. Ein Doppelzimmer im Hotel schlägt in der Hauptsaison mit rund 150€ zu Buche. Es ist daher günstiger, mit genügend Vorlauf eine Ferienwohnung zu buchen, vor allem, wenn man mit mehreren Personen unterwegs ist und sich nicht jeden Tag ein **Hauptgericht** für rund 20€ leisten möchte – in der Ferienwohnung kann man schließlich selbst kochen. Auch die **Lebensmittelpreise** liegt etwas höher als in Deutschland, vor allem für Hausmacherprodukte wie Käse oder Fleisch von der Insel.

Berücksichtigen sollte man auch, dass die **Mehrwertsteuer** in den Niederlanden bei 21 Prozent liegt und es zusätzlich eine **Alkoholsteuer** gibt.

Die gute Nachricht ist: Wer in den Niederlanden an den Strand möchte, wird nicht zur Kasse gebeten. Der **Strandbesuch** ist immer und überall **kostenlos.**

In den Niederlanden gibt es zwar keine Kurtaxe, dafür aber eine **Touristensteuer** *(toeristenbelasting),* die von Ort zu Ort verschieden ist und in der Regel vom Unterkunftsanbieter eingezogen wird. Die Touristensteuer auf Terschelling betrug im Jahr 2021 1,78€ pro Person und Nacht.

Hunde

Für Hunde ist Terschelling ein Paradies, denn an den endlos langen, sehr breiten **Stränden** können sie sich prima austoben. Dort dürfen sie **ohne Leine** frei herumrennen. Das gilt auch für den **Wald,** allerdings nicht für **Dünen und Polder** (s. S. 99 u. S. 101). Dort nimmt man Rücksicht auf Schafe und Brutvögel, Hunde sind **an der Leine zu führen.** Insbesondere brütende Vögel sind sehr empfindlich gegen Störungen und die Wahrscheinlichkeit ist groß, dass sie nach dem Aufscheuchen durch einen Hund nicht mehr zum Nest zurückkehren. Auch in den **Dörfern** müssen Hunde angeleint bleiben.

In zahlreichen **Hotels** und Ferienwohnungen sowie -häusern sind Hunde willkommen, dasselbe gilt für **Restaurants.** Dort steht meist auch eine Wasserschüssel für die Vierbeiner bereit. Die meisten Radverleihe bieten **Radanhänger** für Hunde an.

Für die **Fährüberfahrt** brauchen Hunde kein eigenes Ticket. Sie dürfen kostenlos mit an Bord und sich während der zweistündigen Überfahrt mit der regulären Fähre auch im Innen- und Außenbereich aufhalten. Auf der

Terschelling preiswert

- Rund 20 % spart man bei der **Fährüberfahrt,** wenn man die Fähre zu weniger beliebten Zeiten wie am späten Abend oder frühen Morgen nimmt.
- Die bezahlte Tour zu den **Robbenbänken** (s. S. 127) kann man sich sparen, wenn man ein gutes **Fernglas** mit an Bord der **Fähre** nimmt: Von dort sind die Seehunde auf den Sandbänken auch zu sehen.
- Wer sich ein **Fahrrad** bei Zeelen oder Tijs Knop (beide s. S. 33) am Fährhafen mietet, kann sich das **Gepäck gratis zur Unterkunft** liefern und auch wieder abholen lassen.
- Auf Terschelling kann man das **Auto** überall **gratis parken.**

Schnellfähre ist es hingegen nicht möglich, den Hund mit nach draußen zu nehmen. Weitere Infos hierzu liefert die Website:

› www.rederij-doeksen.nl/de/tarife/tarife-fur-den-hund

Tierärzte (dierenartsen)

- **E. Bobbert und J. Kievits** <114> Westerdam 12, Midsland, Tel. 0562 449363, Sprechstunde mit kleinen Haustieren: Mo–Fr 13–14 Uhr, telefonische Terminabsprache 8–9 Uhr

Informationsquellen

Infostelle auf der Insel

Die wichtigste Anlaufstelle der Insel für Veranstaltungen, Kartenmaterial und Souvenirs ist der **VVV Terschelling**, dessen Büro direkt am **Hafen** ❷ ansässig ist. Die Abkürzung steht für **Vereniging voor Vreemdelingenverkeer** („Vereinigung für Fremdenverkehr“).

090te-ug

Man tut gut daran, sich gleich zu Beginn des Urlaubs bei den netten Mitarbeiterinnen darüber zu informieren, was während der Urlaubszeit geboten wird. Über den VVV Terschelling lassen sich **Ausflüge buchen,** etwa Robbenfahrten, Besuche beim Imker und Naturexkursionen. Außerdem kann man sich dort mit **Kartenmaterial oder Broschüren,** etwa zu Radtouren, eindecken. Last but not least: Wer noch ein **Mitbringsel** für die Daheimgebliebenen sucht, der ist hier ebenfalls gut aufgehoben.

- **VVV Terschelling (Touristeninformation)** <115> Willem Barentszkade 19a, West-Terschelling, Tel. +31 (0)562 443000, www.vvvterschelling.nl, geöffnet: tägl. 8.45–17.30 Uhr

Terschelling im Internet

› **www.vvvterschelling.de:** ausführliche, auch deutschsprachige Website des örtlichen Fremdenverkehrsbüros für alle touristischen Belange. Über einen Webshop lassen sich Publikationen bestellen, über eine Buchungsplattform Unterkünfte buchen.

› **https://skylgenet.nl/live/webcams-op-terschelling:** Einen ersten Live-Eindruck von der Insel bekommen oder sich das Inselwetter ansehen? Über die Live-Webcams der Onlineplattform ist das möglich.

› **https://de.windfinder.com/tide/terschelling:** Gezeitenkalender für Terschelling in deutscher Sprache

Radroute Polderpracht (s. S. 81): Metallvögel weisen den Weg

Publikationen und Medien

- **Bestimmung Terschelling. Erleben Sie das Inselgefühl.** 160 Seiten dickes, kostenloses, deutschsprachiges Büchlein über die Insel mit Werbeanzeigen, herausgegeben vom VVV Terschelling und auch dort erhältlich.
- **Broschüren zu Themenwanderungen und Radtouren:** handlich, kompakt und gut erläutert, erhältlich beim VVV Terschelling, zum Teil auch auf Deutsch

Smartphone-Apps

- **9292 reiseapp & route planner:** App in englischer Sprache, die äußerst hilfreich ist, denn sie berechnet genau, wie man von Punkt A nach Punkt B kommt und was das Ganze mit öffentlichen Verkehrsmitteln kostet (kostenlos für Android und iOS).
- **NS International:** Wer mit dem Zug nach Terschelling reist, sollte sich den Reiseplaner der Eisenbahngesellschaft NS (Nationale Spoorwegen) herunterladen. Die englischsprachige App fragt nach dem Start- und dem Zielbahnhof und gibt dann alle Zugverbindungen an, inkl. Fahrzeit, Preis, des zu erwartenden Andrangs und einer eventuellen Zugverspätung. Inkl. Buchungsfunktion (kostenlos für Android und iOS).
- **Rederij Doeksen:** ganz einfach per App die Fähre buchen, auch in deutscher Sprache (kostenlos für Android und iOS)

Meine Literaturtipps

- Berger, Axel: **Tod auf Terschelling. De Robbenjager,** Schardt 2019. Eine Leiche am Strand, der Täter steht daneben. Aber so einfach ist die Sache nicht. Zwei Kriminalpolizisten übernehmen den Fall und suchen nach dem Täter und dem Motiv hinter diesem und weiteren grausamen Fällen. Das Richtige für Krimifans.
- Grafberger, Ulrike: **Holland für die Hosentasche. Was Reiseführer verschweigen,** Fischer 2016. Die Autorin dieses InselTrips hat ein Buch über Holland geschrieben, das sich auf unterhaltsame Weise mit Fragen beschäftigt wie: Warum wirft König Willem-Alexander mit Kloschlüsseln? Wie wurde Königin Máxima zur Ehestifterin? Wieso springen die Holländer an Neujahr in die Nordsee und gehen an Ostern Möbel kaufen? Weshalb hängen in Holland Rucksäcke an der Fahnenstange? Das Büchlein, das in eine Hosentasche passt und dennoch fast 300 Seiten umfasst, ist die ideale Urlaubslektüre für den Strand.
- Hanewald, Roland: **Niederländische Nordseeinseln,** Reise Know-How. Wer auch einmal auf den Nachbarinseln von Terschelling, also auf Texel, Vlieland, Ameland oder Schiermonnikoog vorbeischauen möchte, der sollte dieses Buch im Gepäck haben. Auf sehr unterhaltsame Weise beschreibt der Autor nicht nur Sehenswürdigkeiten, sondern auch die Eigenheiten der Inseln und der Insulaner.
- Som, O'Niel V.: **Niederländisch – Wort für Wort,** aus der Kauderwelsch-Reihe (Bd. 66), Reise Know-How. Niederländisch für Einsteiger – der handliche Sprachführer bietet eine auf das Wesentliche reduzierte Grammatik und viele Beispielsätze für den Reisealltag. Begleitendes Tonmaterial (Aussprache-Trainer) auf Audio-CD oder als mp3-Download erhältlich.

Internet

In den Niederlanden kann man fast überall **kostenloses WLAN** nutzen, und zwar in den Hotels und Lokalen, auf den Campingplätzen, am Hafen ❷ von West-Terschelling und auf der Fähre. Einen öffentlichen Hotspot fürs WiFi gibt es beim Jumbo Supermarkt (s. S. 54) in Formerum ⑳.

LGBT+

LGBT+ begegnet man in den Niederlanden mit **Toleranz.** Die Niederlande waren das erste Land, in dem gleichgeschlechtliche Ehen geschlossen wurden (2001), auch die Adoption von Kindern ist seitdem erlaubt. Im Frühling 2021 ist mit Lisa Van Ginneken die erste Transgender-Person ins niederländische Kabinett eingezogen.

Seit einigen Jahren gibt es innerhalb der **Polizei** sogenannte **Roze-in-Blauw-Teams,** die sich aus Lesben, Homosexuellen, Bisexuellen und Transgenders zusammensetzen. An sie kann man sich wenden, wenn man Opfer homophober Gewalt wird (Tel. 088 1691234).

Medizinische Versorgung

In den Niederlanden gibt es das **Hausarztsystem,** das heißt, man geht erst zu einem Hausarzt, der einen dann – bei schwerwiegenden Problemen – an einen Facharzt überweist, der Patienten im Krankenhaus auch ambulant untersucht.

Es gibt **zwei Hausarztpraxen** auf der Insel, die sich um die medizinische Versorgung der Einheimischen und Gäste kümmern, eine in West-Terschelling ❶ und eine in Midsland ⑯. Zu den Praxen gehört auch jeweils eine kleine **Apotheke.** Die Hausärzte auf der Insel sind relativ gut ausgestattet und können sogar Ultraschalluntersuchungen vornehmen.

Hausärzte (huisartsen)

- **Huisartsenpraktijk West-Terschelling** <116> Duintuin 3, Tel. 0562 442181 (im Notfall: Tel. 0562 443333), www.huisartsenpraktijkwestterschelling.nl
- **Huisartsenpraktijk Midsland** <117> Westerdam 31, Tel. 0562 448703 (im Notfall: Tel. 0562 448222), www.huisartsenpraktijkmidsland.nl

Zahnärzte (tandartsen)

- **H. van der Meiden** <118> Westerburen 12, Midsland, Tel. 0562 449444
- **J. F. Nater** <119> Torenstraat 52a, West-Terschelling, Tel. 0224 212229 (Mo–Do), Tel. 0562 442935 (Fr)

Medikamente

Die wichtigsten Medikamente wie schmerzstillende, fiebersenkende Mittel sowie Arznei gegen Durchfall, Grippe, Halsschmerzen, Schnupfen, Allergien etc. sind, ebenso wie homöopathische Heilmittel, in der **Drogerie** erhältlich:

› **DA Drogisterij & Parfumerie Marlies Mast,** West-Terschelling (s. S. 39)

Im Kletterwald Klimbos Klimdaris (s. S. 33) kommen Groß und Klein auf ihre Kosten

Krankenhaus (ziekenhuis)

Für größere Verletzungen oder bei schwerwiegenden Krankheiten muss man das **Krankenhaus in Harlingen auf dem Festland** aufsuchen. Im Notfall wird man mit dem Hubschrauber oder per Schnellboot bzw. mit dem KNRM-Rettungsboot (s. S. 74) von Terschelling aufs Festland gebracht.

› **MCL Harlingen** <121> Achlumerdijk 2, Tel. 0517 499999, www.mcl.nl/contact/mcl-harlingen

Mit Kindern unterwegs

Terschelling ist ideal für einen **Sommerurlaub** mit kleinen Kindern, denn durch den regelmäßig wehenden Wind wird es niemals richtig heiß und man kann prima im Wasser der Nordsee planschen. Auf der Insel gibt es etliche kindgerechte Attraktionen und Aktivitäten. Hier eine Auswahl:

› **Austoben in luftigen Höhen:** Kletterwald Klimbos Klimdaris (s. S. 33) in West-Terschelling ❶

› **Fundstücke von Strandräubern und aus gesunkenen Schiffen:** im Wrakkenmuseum ㉒ in Formerum ⑳ mit tollem Spielplatz

KURZ & KNAPP

Die Schatzinsel

Als die neunjährige Feline Kwakkenbos im Mai 2021 den Geburtstag ihrer Oma auf Terschelling feierte, machte sie während eines Spaziergangs nahe dem Jachthafen von West-Terschelling ❶ eine ganz besondere Entdeckung: Sie fand in einer Austernschale eine Perle! Ein ganz außergewöhnlicher Glücksfall, denn die Chance, eine Perle in einer Austernschale zu finden, liegt bei 1 zu 15.000!

Daher ist es so unglaublich, dass nur wenige Wochen später der zehnjährige Dean ebenfalls eine Perle in einer Auster fand – und damit die Schlagzeilen in der regionalen Tageszeitung machte.

091te-ug

092te-ug

Am Strand gibt's für die Kleinen immer etwas zu tun

- **Gruselige Geschichten und großes Abenteuer im Eismeer:** im Heimatmuseum 't Behouden Huys 3 in West-Terschelling
- **Mit den Kleinsten auf Zwergsuche:** auf dem Kabouterpad im Hoorner Wald (s. S. 57)
- **Spaziergang mit dem Esel oder Ausritt per Pferd:** auf dem Reiterhof Puur Terschelling (s. S. 86) in Oosterend 28
- **Früchte fürs Frühstück pflücken:** der Zelfpluktuin Groenhof (Selbstpflückgarten, s. S. 58) in Oosterend
- **Robben bestaunen und Garnelen fangen:** erlebnisreiche Bootstouren zu den Seehundbänken (s. S. 127)
- **Mit dem Milieujutter (Umwelt-Strandräuber) unterwegs:** erst Strandgut einsammeln, dann recyceln (s. S. 29)
- **Für Leseratten:** Das kleine Büchlein **„Terschelling: Märcheninsel"**, herausgegeben im Rahmen eines Interreg-Programms, richtet sich an Kinder und ist an vielen Stellen der Insel kostenlos erhältlich, u. a. beim Museum 't Behouden Huys und bei der Touristeninformation VVV (s. S. 118). Für die zugehörigen Routen kann man sich die passende App herunterladen.

Notfälle

Notruf

- **Allgemeine Notrufnummer:** Tel. 112
- **Küstenwache:** Tel. 0900 0111

Notmarkierungen

Um auch in den unbewohnten **Naturgebieten** so schnell wie möglich erste Hilfe leisten zu können, wurde auf Terschelling ein besonderes **Notrufsystem** eingeführt: An hunderten Stellen auf der Insel, zum Beispiel an Wanderwegen und Sitzbänken, befinden sich Plaketten mit einem spezifischen Code in weißer Schrift auf kreisrundem, roten Feld. Der Code besteht aus zwei Buchstaben und drei Ziffern, zum Beispiel TS 323. Wenn man die Notrufnummer 112 wählt, kann man den Code nennen und ist damit leicht zu orten.

Stets einsatzbereit: das inseleigene Rettungsboot

094te-ug

Polizei

- **Polizei (Politie) Terschelling** <122> Longway 19, West Terschelling, Tel. 0900 8844, www.politie.nl

Fundbüro

- **www.verlorenofgevonden.nl:** Auf dieser Website kann man nachsehen, ob das verlorene Stück bereits gefunden wurde.
- **Gemeente Terschelling (Gemeinde)** <123> Burgemeester van Heusdenweg 10a, West-Terschelling, Tel. 0562 446244 (Mo–Do 9–12 u. 13–17, Fr. 9–12 Uhr), www.terschelling.nl/home-terschelling, geöffnet: Mo/Di, Do/Fr 10–12, Mi 14–16, Fr 18.30–19.30 Uhr. Bei der Gemeinde Terschelling kann man vorbeischauen, wenn man etwas verloren hat. Bitte beachten: Wenn man der Meinung ist, es handelt sich um einen Diebstahl, muss man dies der Polizei melden. Außerdem ist die Gemeinde die richtige Anlaufstelle für alle, die auf Terschelling heiraten oder dorthin ziehen möchten.

Kartensperrung

Bei **Verlust der Debit-/Giro-, Kredit- oder SIM-Karte** gibt es für Kartensperrungen eine **deutsche Zentralnummer** (unbedingt vor der Reise klären, ob die eigene Bank bzw. der jeweilige Mobilfunkanbieter diesem Notrufsystem angeschlossen ist). **Aber Achtung:** Mit der telefonischen Sperrung sind die Bezahlkarten zwar für die Bezahlung/Geldabhebung mit der PIN gesperrt, nicht jedoch für **das Lastschriftverfahren mit Unterschrift.** Man sollte daher auf jeden Fall den Verlust zusätzlich **bei der Polizei zur Anzeige bringen,** um gegebenenfalls auftretende Ansprüche zurückweisen zu können.

093te-ug

KURZ & KNAPP

Was tun, wenn man einen Seehund am Strand findet?

Das **Naturzentrum Ecomare** auf Texel gibt folgende Tipps: Nicht jeder Seehund am Strand muss gerettet werden! Manchmal legen sie am Strand nur eine Pause ein. Deshalb sollte man das Tier niemals zurück ins Meer jagen. Das ist zu tun:

1. Halten Sie Abstand vom Seehund und sorgen Sie dafür, dass andere das auch tun.
2. Verhindern Sie, dass Hunde in die Nähe kommen.
3. Bei Jungtieren: Sehen Sie sich mindestens eine Viertelstunde lang gut um, ob die Mutter vielleicht doch in der Nähe ist und ihr Junges aus der Ferne beobachtet.
4. Ist das Tier geschwächt oder verwundet? Wählen Sie eine der folgenden Nummern:

- **Ecomare Texel:** Tel. 0222 317741
- **Seehundzentrum Pieterburen:** Tel. 0595 526526
- **ASeal:** Tel. 088 2747795

Besser mit Abstand: Seehunden sollte man nicht zu nah kommen

In **Österreich** und der **Schweiz** gibt es keine zentrale Sperrnummer, daher sollten sich Besitzer von in diesen Ländern ausgestellten Debit-(EC-) oder Kreditkarten vor der Abreise bei ihrem Kreditinstitut über den zuständigen Sperrnotruf informieren.

Generell sollte man sich immer die **wichtigsten Daten** wie Kartennummer und Ausstellungsdatum **separat notieren**, da diese unter Umständen abgefragt werden.

- **Deutscher Sperrnotruf:** Tel. +49116116 oder Tel. +493040504050
- **Weitere Infos:** www.kartensicherheit.de, www.sperr-notruf.de

Öffnungszeiten

Anders als auf dem Festland haben die meisten **Museen**, **Restaurants** und **Geschäfte** auch montags geöffnet. Die üblichen Öffnungszeiten der Geschäfte sind, grob gesagt, Montag bis Freitag ab 9 oder 10 Uhr bis 17.30 oder 18 Uhr, samstags bis 17 Uhr. Am Donnerstagabend hat der Einzelhandel meist bis 21 Uhr geöffnet. Ansonsten entsprechen die Öffnungszeiten nicht immer dem deutschen Standard, denn Geschäfte schließen teilweise schon um 17.30 Uhr. Die großen **Supermärkte** dagegen haben bis 20 oder sogar 22 Uhr geöffnet.

Post

In den Niederlanden unterscheidet man zwischen nationaler und internationaler Post. Das Format der Postsendung (Brief oder Postkarte) spielt für die Höhe der **Portokosten** keine Rolle, das Gewicht schon. Eine Karte oder ein dünner Brief wiegen in der Regel nicht mehr als 20 g und sind daher mit einer einzelnen Briefmarke zu versehen. Beträgt das Gewicht zwischen 20 und 50 g, fallen zwei Briefmarken an. Briefe bzw. Karten nach Deutschland, in die Schweiz und nach Österreich sind mit einer Briefmarke **Europa 1** zu versehen. Das Porto für eine internationale Sendung liegt zurzeit bei 1,55 €. Alle Ta-

Die Supermärkte auf Terschelling haben in der Regel kundenfreundliche Öffnungszeiten

095te-ug

rife sind online auf der Website www.postnl.nl/tarieven einsehbar.

Die **Briefkästen** in den Niederlanden sind orangerot und haben zwei Einwurfschlitze: einen für Postleitzahlen in unmittelbarer Nähe und einen für *overige postcodes* (weitere Postleitzahlen), welcher für die Post ins Ausland zu nehmen ist.

Briefmarken *(postzegels)* gibt es in der Regel auch dort zu kaufen, wo es Karten gibt, teilweise auch in Drogerien und Tabakwarenläden, auf jeden Fall aber in der Postfiliale *(postkantoor):*

- **Postkantoor im Coop** (s. S. 48), Midsland, geöffnet: Mo–Do u. Sa 8–18, Fr 8–20, So 9.30–14 Uhr. Filiale im Supermarkt.
- **Postkantoor im Spar** (s. S. 40), West-Terschelling, geöffnet: Mo–Do u. Sa 8.30–18, Fr 8.30–20 Uhr. Filiale im Supermarkt.

Sprache

Insgesamt **drei Dialekte** gibt es auf der Insel Terschelling: Westers, Aasters und Meslônzers. Ihr gemeinsamer Ursprung ist die **friesische Sprache**, welche die ersten Bewohner um das Jahr 700 vom Festland auf die Insel brachten. In West-Terschelling 1 sprach man Westers, im Osten Aasters. Lediglich das Meslônzers von Midsland 16 weicht von den anderen beiden Dialekten ab. Der Grund: Als die Franzosen 1794–1814 über die Niederlande herrschten, war in Midsland die Inselverwaltung ansässig. Man versuchte dort, etwas „gebildeter" zu sprechen, also Niederländisch. Übrigens hat das Max-Planck-Institut für Psycholinguistik Aasters als selbstständige Sprache klassifiziert.

Viele Insulaner sprechen einigermaßen gut **Deutsch**. Das kommt zum einen daher, dass Niederländer in der Schule verschiedene Sprachen lernen, zu denen häufig auch Deutsch gehört. Auch werden Fernsehsendungen in den Niederlanden nicht synchronisiert und so lernt man beim „Tatort" schon die ersten Brocken Deutsch. Zum anderen hat man sich auf der Insel auf den Tourismus und die deutschen Gäste eingestellt. Sollte es dennoch einmal vorkommen, dass ein Insulaner kein Deutsch spricht, dann kommt man immer mit **Englisch** weiter. Am schönsten ist es, wenn man als Gast ein paar Brocken **Niederländisch** kann. Im Anhang gibt es eine **kleine Sprachhilfe** (s. S. 134) mit Begriffen für den Reisealltag.

Telefonieren

Seit 2017 gibt es in der EU keine Roaminggebühren mehr. Damit ist das Telefonieren und Surfen mit dem Handy im EU-Ausland so günstig wie zu Hause – es sei denn, man nutzt das Handy im Ausland über einen längeren Zeitraum hinweg, dann können je nach Anbieter Nutzungsobergrenzen gelten. Im Buch sind alle Telefonnummern inklusive der Ortsvorwahl von Terschelling, aber ohne die Ländervorwahl angegeben. Wenn man mit dem Handy vor Ort anruft, entfällt die 0 vor der Ortsvorwahl.

Vorwahlen

- **Deutschland:** +49
- **Österreich:** +43
- **Schweiz:** +41
- **Niederlande:** +31
- **Terschelling:** 0562

Touren

Ausflüge und Exkursionen

Interessant sind etwa die **Eco Safaris** durch Wald und Dünen mit dem leisen, elektrisch betriebenen **Öko-Mobil** (s. S. 54) oder die Fahrten mit dem **Strandbus** (s. S. 70).

Am besten wirft man einen Blick auf die **Website** der Touristeninformation **VVV Terschelling**, denn dort sind so gut wie alle Ausflüge auf der Insel aufgeführt, darunter Wattwanderungen, Strandausritte, Robbentouren, Planwagenfahrten, Kurse im Bijenpark Terschelling (19), Dorfspaziergänge, Dünenwanderungen oder GPS-Touren. Die Erklärung erfolgt auf Deutsch, außerdem kann man häufig direkt **online buchen.** Wer eine persönliche Beratung bevorzugt, dem stehen die Mitarbeiter des VVV Terschelling vor Ort zur Verfügung.

› **Infos und Buchung:** www.vvvterschelling.de/ausfluge

Kutschfahrten

Lust auf eine Fahrt mit Pferdekutsche und Planwagen ins Naturschutzgebiet? Diese Anbieter sind empfehlenswert:

› **Huifkarbedrijf Terpstra** (s. S. 85). Halb- und Ganztagestouren mit der Pferdekutsche zur Boschplaat (32) inkl. Drenkelingenhuisje (33). Die Touren werden am Wochenende und teilweise auch unter der Woche durchgeführt (Details s. Website). Die Kutscher sprechen auch etwas Deutsch. Dauer: Tagestour 6 Std., tägl. ab 9.30 Uhr, Kosten: Erw. 60 €, Kinder bis 11 Jahre 45 €.

› **Huifkartochten Noordsvaarderij:** Touren in das Naturschutzgebiet Noordsvaarder (10) (Details s. S. 26)

› **Puur Terschelling** (s. S. 65). Planwagenfahrten zur Boschplaat: Dauer: 3 Std., Kosten: Erw. 29,50 €, Kinder unter 12 Jahren 19,50 € inkl. Kaffee/Tee oder Limonade und Inselkuchen.

096te-ug

Robbentouren (zeehondentochten)

Bootsfahrten zu den **Seehundbänken** werden auf Terschelling von mehreren Unternehmen angeboten:

- **Fischkutter TS3-Viking** : Eine Kombination aus **Seehundsafari und Garnelenfischen** bietet die Tour „Das Geheimnis von Terschelling". Mithilfe eines Schleppnetzes werden während der Fahrt zu den Robbenbänken Garnelen gefangen. Der Fang wird zusammen mit den Gästen begutachtet: Was hat sich alles im Netz gesammelt? Gut zu wissen: Der Kutter hat einen Rollstuhllift. Dauer: ca. 2 Std., Kosten: Erw. 20 €, Kinder bis 11 Jahre 12,50 €. Reservierung und Zeiten tel. oder via Website (Tel. 06 10263889, www.sleepnetvissen.nl).
- **Rettungsboot Brandaris:** Das aus dem Jahr 1923 stammende ehemalige Rettungsboot Brandaris wird für Seehundtouren eingesetzt, zu buchen über den VVV Terschelling (s. S. 118). Dauer: ca. 1½ Std., Kosten: Erw. 14 €, Kinder bis 12 Jahre 9 € (www.vvvterschelling.de/ausfluge/seehundenfahrt-mit-ms-brandaris).
- **Rutgers van Rozenburg:** Mit dem einstigen Rettungsboot aus dem Jahr 1907 geht es zu den Sandbänken westlich von Terschelling. Abfahrt: Bootsanleger beim Restaurant Loods (s. S. 38) an der Willem Barentszkade in West-Terschelling 1, Dauer: ca. 1½ Std., Kosten: Erw. 13,50 €, Kinder bis 12 Jahre 8,25 €, Anmeldung über den VVV Terschelling.
- **Talisman Robbenfahrten:** fast 100 %-ige Garantie, Robben zu sehen. Boot mit Platz für 70 Personen, Kantine mit Getränken und kleinen Gerichten, Abfahrt: Bootsanleger im Hafen 2 von Terschelling in der Nähe des VVV, Dauer: ca. 1½ Std., Kosten: Erw. 12,50 €, Kinder bis 10 Jahre 10 €, Anmeldung über Website des Anbieters (www.terschellingrondvaart.nl, nur auf Niederländisch) oder des VVV (www.vvvterschelling.de/ausfluge/talisman-robbenfahrten) oder unter Tel. 0562 443362.

Der Natur umweltschonend auf der Spur mit dem Öko-Mobil (s. S. 54)

Wattwandern

Ein Ausflug ins einzigartige Wattenmeer ist beinahe ein Muss, wenn man ein paar Tage auf Terschelling verweilt. Bei allen Wattwanderungen gilt: Man sollte **niemals allein** gehen, sondern immer mit einem **erfahrenen Wattführer.** Da sich im Watt unzählige **scharfkantige Pazifische Austern** angesiedelt haben, ist es gefährlich, barfuß zu einer Wattwanderung aufzubrechen. Daher sollte man **Gummistiefel** oder **alte Turnschuhe** tragen. Auch ein ausreichender **Sonnenschutz** in Form von Sonnencreme und einer geeigneten Kopfbedeckung ist ratsam, da es unterwegs keinen Schatten gibt.

Am einfachsten ist es, eine Wattwanderung entweder vor Ort beim **VVV Terschelling** (s. S. 118) oder online über deren Website zu buchen:

- www.vvvterschelling.nl/excursies/wadlopen

Besonders empfehlenswert ist eine **Kombination von Wattwandern und Austernsammeln. Puur Terschelling** (s. S. 65) aus Oosterend 28 bietet eine solche zweistündige Wattwanderung an. Wann es losgeht, hängt von den Gezeiten ab, am besten einfach anrufen. Die Preise (Erw. 29,50 €, Kinder bis 12 Jahre 19,50 €) beinhalten eine Austernverkostung und die Bereitstellung von Stiefeln.

097te-ug

› **Infos und Buchung:** https://puur-terschelling.nl/activiteiten/wadlopen-op-terschelling

Wattwandern und Austernsammeln hat auch Flang Cupido von **Kookstudio Flang in de Pan** (s. S. 60) in Hoorn 26 im Programm. Die Wanderung durchs Watt dauert eine Stunde. Später werden die gesammelten Austern mit Brot und Seetang-Tapenade serviert, dazu gibt's ein Getränk. Preise: Erw. 32,50 €, Kinder bis 15 Jahre 24,50 €. Stiefel können ebenfalls geliehen werden.

› **Infos und Buchung:** https://flangindepan.nl/proeverijen-excursies/wadlopenproeverij

Unterkunft

Kosten und Buchung

Während der **Sommerferien** zwischen Juli und Mitte August bekommt man nur dann eine Unterkunft, wenn man weit im Voraus gebucht hat. Dann sind auch die **Unterkunftspreise** am höchsten. Zum Unterkunftspreis wird noch die **Touristensteuer** hinzugerechnet (s. S. 117).

Der **VVV Terschelling** hat über 400 Unterkünfte aufgelistet, die direkt über die Website buchbar sind. Praktisch: Es gibt auch Last-Minute-Angebote und Unterkünfte, in denen Hunde willkommen sind. Die Internetseite **Ferien auf Terschelling** listet ebenfalls Unterkünfte auf der Insel. Praktisch: Dort kann man direkt sehen, wann die gewünschte Unterkunft frei ist.

› www.vvvterschelling.de/unterkuenfte

› https://aufterschelling.de

Für Familien

Zelten mit dem Nachwuchs ist eine prima Sache – immer draußen an der frischen Luft, die Kinder in Reichweite und vielleicht auch noch die eine oder andere kindgerechte Aktivität. Komfortable, fertig eingerichtete **Safari-**

Aufwachen mit Blick auf den Jachthafen: Hotel Schylge (s. S. 34)

bzw. Dünenzelte stehen auf der Pferdefarm bei **Puur Terschelling** oder auf dem Gelände des **Schafbauernhofs de Zeekraal** (beide s. S. 65).

Ideal für einen Familienurlaub sind auch die **Apartments** des **WestCord ApartHotel Boschrijck** (s. S. 34) in West-Terschelling ❶, denn diese sind nicht nur sehr groß und verfügen über mehrere Zimmer, sondern bieten auch einen direkten Zugang zum Hallenbad (Optisport Zwembad De Dôbe, s. S. 73). Außerdem gibt es unmittelbar hinter dem Aparthotel einen Kletterwald (s. S. 33) und einen Pferdestall (Huifkartochten Noordsvaarderij, s. S. 26).

Für Genießer

Die exklusivsten **Hotels** auf der Insel sind **Paal 8 Hotel aan Zee** (s. S. 33) in West aan Zee und das **WestCord Hotel Schylge** (s. S. 34) in West-Terschelling.

Für Gruppen

Wie auf allen niederländischen Wattenmeerinseln, so gibt es auch auf Terschelling große **Gruppenunterkünfte** *(groepsaccommodaties)*, meist angesiedelt in ehemaligen Scheunen oder Bauernhäusern. Gruppenunterkünfte für zehn Personen oder mehr findet man online auf der Website des VVV (s. S. 118) oder hier:

› www.residenceterschelling.de/ferienwohnungen

Eine weitere Möglichkeit, mit einer Gruppe zu übernachten, ist die Jugendherberge Terschellings, die den Namen **Stayokay** (s. S. 35) trägt. Die **Hostels** in den Niederlanden sind heute ziemlich trendy und zeitgemäß ausgestattet. Hier lassen sich auch 10-Bett-Zimmer buchen.

Wer mit einer Gruppe ab 15 Personen auf Terschelling zelten möchte, kann beim **niederländischen Forstamt Staatsbosbeheer** eine Platz mieten: Weitere Infos unter:

- **Gruppenunterkunft Swartduin** <124> Longway 28, West-Terschelling, www.logerenbijdeboswachter.nl/groepskampeerterreinen/swartduin

Preiswert in erster Reihe am Wattenmeer: das Stayokay (s. S. 35)

Für Camper

Die Niederlande sind das Land der Camper. Und auch auf Terschelling können sich Zeltfans und Wohnwagenfreunde auf schöne Campingplätze freuen. In den letzten Jahren erfreut sich **Glamping** auch in den Niederlanden zunehmender Beliebtheit. Immer mehr Campingplätze bieten Glamping-Unterkünfte, etwa in Form komfortabler **Safarizelte** mit Betten und Küchenzeile an.

Allgemeine Infos zum Campen

- **Kosten:** ca. 20–30 € pro Platz (Wohnwagen, 2 Erw.)
- Ab 1. Nov. kann man die **Stellplätze** für das folgende Jahr **buchen.**
- Gut zu wissen: In den vergangenen Jahren wurde eine **„Caravan-actie Terschelling"** angeboten: Zu bestimmten Zeiten außerhalb der Feriensaison erhalten Urlauber mit Wohnwagen bis zu 45 % Ermäßigung für die Fährüberfahrt und 20 % Rabatt auf den Stellplatz. Weitere Infos unter https://caravanactieterschelling.nl.
- **Wild campen** ist in den Niederlanden **verboten.**

099te-ug

Verkehrsmittel

Bus

Zwei Buslinien gibt es auf der Insel, betrieben werden sie von **Arriva.** Buslinie 1 folgt der Inselhauptstraße von West nach Ost und hält in allen Orten. Buslinie 2 verbindet den Hauptort West-Terschelling 1 mit dem Badeort West aan Zee [D3] an der Nordseeküste. In Betrieb sind vollelektrische, rollstuhlzugängliche Busse, die **auf die Ankunfts- und Abfahrtszeiten der Fähren abgestimmt** sind. Die Busse der Linie 1 verkehren mindestens einmal pro Stunde, die Busse der Linie 2 fahren etwas seltener.

- **Buslinie 1:** von West-Terschelling (Hafen 2) nach Oosterend 28 (bis Wierschuur/Beginn der Boschplaat 32) und zurück. Angefahren werden die Orte Hee [D4], Midsland 16 Zentrum und Noord, Formerum 20, Lies 23, Hoorn 26 und Oosterend.
- **Buslinie 2:** von West-Terschelling (Hafen) nach Midsland aan Zee [D–E3] und West aan Zee. Angefahren werden auch: Hee, Midsland Zentrum und Noord, Midsland aan Zee und West aan Zee (Paal 8).
- **Fahrpläne:** www.bus-terschelling.nl/zomerdienstregeling

Ein **Ticket** für eine einfache Fahrt kostet 2,85 €. Bezahlt werden kann mit der **OV-chipkaart** (s. S. 131) oder der Girocard bzw. Debitkarte, nicht jedoch mit Bargeld. Praktische **Apps** für den öffentlichen Nahverkehr stehen unter „Smartphone-Apps" auf Seite 119.

Campingfans können auf Terschelling naturnah übernachten

Einfach, schnell und bequem: die OV-chipkaart

Ob Zug, Bus oder Tram: Wer innerhalb der Niederlande oder auf Terschelling des Öfteren den öffentlichen Nahverkehr nutzen möchte, sollte über den Kauf einer *OV-chipkaart* nachdenken. Mit dieser **Guthabenkarte** können Bus- und Bahnfahrer am Automaten ein- und auschecken. So wird das Reisen schon ab der ersten Fahrt wesentlich günstiger. Die *OV-chipkaart* kostet einmalig 7,50 €, danach lädt man ein beliebiges Guthaben auf die Karte. Beim Ein- und Aussteigen hält man die Karte gegen ein **Lesegerät** und der für die Fahrt anfallende Betrag wird **abgebucht.**

Es gibt zwei Arten der *OV-chipkaart:* eine personalisierte mit Namen und Foto sowie eine anonyme, die von mehreren Personen genutzt werden kann (allerdings nicht gleichzeitig während ein- und derselben Fahrt). Auf Terschelling ist die *OV-chipkaart* bei der **Touristeninformation VVV Terschelling** (s. S. 118) in West 1 und beim Supermarkt **Coop** (s. S. 48) in Midsland 16 erhältlich. Weitere Infos:

› www.ov-chipkaart.nl

Wie von Geisterhand: Küstennebel

Es ist eine der seltsamsten Naturereignisse am Meer: „zeevlam" („ Seeflamme", zu Deutsch „Küstennebel"). Gerade sitzt man noch in Midsland 16 mit einem Kaffee auf der Terrasse in der Sonne und beschließt, an den Strand zu fahren, schon erwartet einen dort eine Überraschung: Man steht auf der Düne des Strandzugangs in Midsland aan Zee und kann das Meer nicht mehr sehen. Dichte, feuchte, kühle Nebelschwaden ziehen einem um die Ohren. Von Badewetter keine Spur!

Küstennebel entsteht, wenn warme Luft mit kaltem Meerwasser in Kontakt kommt. Im Frühling und zu Beginn des Sommers gelangen warme Luftströme aus Südeuropa in die Region, ziehen über die noch kalte Nordsee und kühlen ab. Weil kalte Luft weniger Wassermoleküle enthält als warme Luft, entsteht Nebel. Von der Ferne sieht es so aus, als würden Rauchschwaden von einem Feuer über das Meer ziehen (daher der Name „Seeflamme"). An Land angekommen, können sich die Rauchschwaden so sehr verdichten, dass man nur noch ein paar Meter weit sehen kann. Zugleich kann der Küstennebel die Temperatur bis zu zehn Grad sinken lassen. Da hilft nur eins: Am besten setzt man sich sogleich aufs Fahrrad und sucht sich ein sonnigeres Fleckchen irgendwo anders auf der Insel.

100te-ug

Taxi

- **Taxi Service India,** Tel. 06 4742919, www.taxiserviceindia.nl
- **Yellow Cab,** Tel. 06 1370 9222, https://taxiyellowcabterschelling.nl. Bei Yellow Cab kostet eine Fahrt für max. 4 Pers. innerhalb von West-Terschelling 6 €, vom Fährhafen nach West aan Zee oder Midsland 16 € und nach Oosterend 32 €.

Wetter und Reisezeit

Terschelling soll sich über 20 % mehr **Sonnenstunden** freuen können als der Durchschnitt in den Niederlanden. Außerdem soll es im Schnitt 20 % weniger regnen als im Rest des Landes. Allerdings weht auch meist der **Wind,** in der Regel aus Westen.

Der **Frühling** auf der Insel ist traumhaft. Im Mai blühen die Dünenrosen und der Ginster, die Wiesen stehen voller Blumen und auf ihnen grasen die Schafe mit ihren Lämmern. Die Friesenstuten stehen auf den Koppeln und zu ihren Füßen schlafen die noch jungen Fohlen – ein bezaubernder Anblick! Doch sollte man sich darauf einstellen, dass die Natur auf der Nordseeinsel im Frühling ein paar Wochen „hinterherhinkt". Wenn anderswo bereits alle Bäume in vollem Grün stehen, fangen die Terschellinger Exemplare gerade erst an zu sprießen. Ein Vorteil ist jedoch, dass es im Frühling angenehm ruhig ist auf der Insel. Das ändert sich im Juni, wenn das Kulturfestival Oerol (s. S. 88) stattfindet. Im Frühjahr und zu Sommerbeginn zieht häufig Küstennebel (s. S. 131) auf.

Während der **Sommerferien** zwischen Juli und Mitte August kommen die meisten Urlaubsgäste. Die Temperaturen sind sehr angenehm: Aufgrund des regelmäßig wehenden Windes wird es niemals richtig heiß. Die Wassertemperatur liegt um 19 °C.

Der **Herbst** lockt mit Wolkentürmen und noch angenehmen Temperaturen, bedingt durch die Restwärme der Nordsee. Jetzt ist die beste Zeit für Wanderungen und Radtouren. Auch die Preise sind ab Oktober günstiger.

Im **Winter** auf eine Wattenmeerinsel? Warum nicht! Herrlich ist es, sich nach einem langen Strandspaziergang bei einer heißen Schokolade aufzuwärmen und sich auf ein gemütliches Abendessen am Kamin zu freuen, z. B. im Grandcafé Het Raadhuis (s. S. 37).

⊡ Dachziegel-Kunstwerk beim Kulturfestival Oerol (s. S. 88)

Durchschnitt	Wetter in West-Terschelling											
	Jan	Febr	März	Apr	Mai	Juni	Juli	Aug	Sept	Okt	Nov	Dez
Maximale Temperatur	6°	5°	7°	11°	14°	17°	19°	19°	17°	14°	10°	7°
Minimale Temperatur	3°	3°	4°	7°	10°	13°	16°	16°	14°	11°	7°	4°
Regentage	11	9	9	7	8	8	10	11	11	12	13	12
Wasser-temperatur	6°	5°	6°	9°	12°	16°	18°	19°	17°	14°	11°	8°

ANHANG

101te-ug

Kleine Sprachhilfe

Die folgenden Wörter und Redewendungen wurden dem Reisesprachführer „Niederländisch – Wort für Wort" (Kauderwelsch-Band 66) aus dem Reise Know-How Verlag entnommen und sollen dem Leser eine erste kurze Einführung in die niederländische Sprache bieten.

Aussprache

Die folgenden Buchstaben(kombinationen) werden anders als im Deutschen ausgesprochen. Die zweite Spalte gibt die Lautschrift wieder.

ch, g	ch	raues „ch" wie in „lachen"
g	sh	bei französ. Wörtern vor e, i, y wie zweites „g" in „Garage"
ng	ng	„ng" wie im Deutschen „bringen"
e	è	kurzes „e" wie in „bitte"
ei, ij	äj	wie „ey"
eu	öö	wie ein langes „ö"
oe	u	kurzes „u" wie in „Bus"
ou	au	wie „au" in „Maus"
s	ß	stimmloses „s" wie in „Bus"
sch	ßch	wie „ß" und dann „ch" in „Häuschen" (kein deutsches „sch")
sj	sch	deutsches „sch" wie in „Schule"
tj	tch	zwischen „tch" und „tj" wie in „Kärtchen"
u	üü	langes „ü" wie in „Mühe", oder:
	ö	kurzer Laut zwischen „i" und „ö"
ui	öi	etwa wie „öi" in „Feuilleton"
v	v	zwischen „f" und „w"
z	s	stimmhaftes „s" wie in „Rose"

Am Wortende gibt es folgende Besonderheiten:

-b	-p	wie „p"
-d	-t	wie „t"
-ig	-èch	„ech" mit weichem „ch" (kein „ä")
-isch	-ieß	„ieß" (mit langem „i")
-n		wird manchmal verschluckt
-lijk	-lèk	„lek", klingt fast wie „lök"
-tie	-zie	„zie" (mit langem „i")

Häufig gebrauchte Wörter und Redewendungen

Wochentage

maandag	maandach	Montag
dinsdag	dinßdach	Dienstag
woensdag	wunßdach	Mittwoch
donderdag	dondèrdach	Donnerstag
vrijdag	vräjdach	Freitag
zaterdag	saatèrdach	Samstag
zondag	sonndach	Sonntag

Zahlen

0	*nul*	nöll
1	*een*	een
2	*twee*	twee
3	*drie*	drie
4	*vier*	vier
5	*vijf*	väjf
6	*zes*	säß
7	*zeven*	seevèn
8	*acht*	acht
9	*negen*	neechèn
10	*tien*	tien
11	*elf*	älf
12	*twaalf*	twaalf
13	*dertien*	därrtien
14	*veertien*	veertien
15	*vijftien*	väjftien
16	*zestien*	säßtien
17	*zeventien*	seevèntien
18	*achtien*	achtien
19	*negentien*	neechèntien
20	*twintig*	twintich
21	*eenentwintig*	eenèntwintich
22	*tweeëntwintig*	tweeèntwintich
23	*drieëntwintig*	drieèntwintich

+++ Die wichtigsten Wörter mit dem Bonus-Audiotrack des Kauderwelsch-

30	*dertig*	därrtich	102	*honderdtwee*	hondèrdtwee (usw.)
40	*veertig*	veertich			
50	*vijftig*	väjftich	200	*tweehonderd*	tweehondèrd
60	*zestig*	sßtich	300	*driehonderd*	driehondèrd
80	*tachtig*	tachtich	1000	*duizend*	döisènd
90	*negentig*	neechèntich	2000	*tweeduizend*	tweedöisènd
100	*honderd*	hondèrd	10.000	*tienduizend*	tiendöisènd
101	*honderdeen*	hondèrdeen	1.000.000	*een miljoen*	een milljunn

Die wichtigsten Fragewörter

welke?	wällkè	welches?
wat voor een?	wat voor een	was für ein?
waar?	waar	wo?
waarvandaan?	waarvanndaan	woher?
waarnaartoe?	waarnaatu	wohin?
waarom?	waaromm	warum?
hoe?	hu	wie?
hoeveel?	huveel	wie viel?
wanneer?	wanneer	wann?
waarmee?	waarmee	womit?

Die wichtigsten Richtungsangaben

(naar) rechts/links	naar rächtß/linkß	(nach) rechts/links
rechtdoor	rächtdoor	geradeaus
terug	tèröch	zurück
tegenover	teechènoovèr	gegenüber
tussen	tößèn	zwischen
voor – achter	voor – achtèr	vor(ne) – hinten/-r
over – onder	oovèr – onndèr	über – unter
hier – daar	hier – daar	hier – dort
ver – dichtbij	värr – dichtbäj	weit – nah
buiten	böitèn	außerhalb
in het centrum	in hèt ßäntröm	im Zentrum
om de hoek	om dè huk	um die Ecke

Die wichtigsten Zeitangaben

(over)morgen	(oovèr)morchèn	(über)morgen
's morgens	ßmorchènß	morgens
's middags	ßmiddachß	mittags
's avonds	ßavèndß	abends
dagelijks	daachèlèkß	täglich
eerder – later	eerdèr – laatèr	früher – später
nou, nu – gauw	nau, nü – chauw	jetzt – bald

Die wichtigsten Fragen

Wat is dat? wat iß dat	Was ist das?
Kunt u me vertellen ...? könnt ü mè vèrtällèn	Können Sie mir sagen ...?
Is er ...? – Heeft u ...? iß èr – heeft ü	Gibt es ...? – Haben Sie ...?
Ik wou graag ... ik wau chraach	Ich hätte gerne ...
Ik zoek ... – Ik neem ... ik suk – ik neem	Ich suche ... – Ich nehme ...
Waar vind ik ...? waar vind ik	Wo finde ich ...?
Ik heb ... nodig. ik häp noodich	Ich brauche ...
Waar kan ik ... kopen? waar kann ik ... koopèn	Wo kann ich ... kaufen?
Kunt u me ... geven? könnt ü mè ... cheevèn	Können Sie mir ... geben?
Hoeveel kost dat? huveel koßt dat	Wie viel kostet das?
Waar is ...? waar iß	Wo ist ...?
Hoe kom ik naar ...? hu komm ik naar	Wie komme ich nach ...?
Hoeveel kost de rit naar ...? huveel koßt dè rit naar	Wie viel kostet die Fahrt nach ...?
Ik wil graag naar ... ik will chraach naar	Ich möchte nach ... (Taxi)
Hoe lang duurt ...? hu lang düürt	Wie lange dauert ...?

Nichts verstanden? – Weiterlernen!

Ich spreche kaum Niederländisch.	*Ik spreek bijna geen Nederlands.* ik ßpreek bäjna cheen needèrlandß
Wie bitte? (geduzt/gesiezt)	*Wat zeg je/zegt u?* wat säch jè/sächt ü
Ich habe dich/Sie nicht verstanden.	*Ik heb je/u niet verstaan.* ik häp jè/ü niet vèrßtaan
Sprichst du/sprechen Sie Englisch/ Deutsch?	*Spreek jij/spreekt u Engels/Duits?* ßpreekt ü/ßpreek jäj ängelß/döitß
Was heißt ... auf Niederländisch/ Deutsch?	*Wat is ... in het Nederlands/Duits?* wat iß ... in hèt needèrlandß/döitß
Kannst du/können Sie das wiederholen?	*Kun je/Kunt u dat nog een keer zeggen?* könn jè/könnt ü dat noch een keer sächèn

Könnten Sie etwas langsamer sprechen?	*Zou u iets langzamer kunnen spreken?* sau ü ietß langsaamèr können ßpreekè
Was bedeutet dieses Wort?	*Kunt u me vertellen wat dit woord betekent?* könnt ü mè vèrtällèn wat dit woord bèteekènt
Wie spricht man dieses Wort aus?	*Hoe spreekt u dit woord uit?* hu ßpreekt ü dit woord öit
Können Sie mir das bitte aufschreiben?	*Wilt u mij dat alstublieft opschrijven?* willt ü mäj dat aßtüblieft opßchräjvèn

Die wichtigsten Floskeln und Redewendungen

ja – nee jaa – nee	ja – nein
dank u – dank je wel dank ü – dank jè wäl	danke (gesiezt – geduzt)
alsjeblieft – alstublieft aßjèblieft – aßtüblieft	bitte (geduzt – gesiezt)
Graag gedaan. chraach chèdaan	Keine Ursache./ Gern geschehen.
Dankjewel, hetzelfde! dankjèwäl, hètsälfdè	Danke gleichfalls! (geduzt)
Goedemorgen!/Goededag! chujèmorchèn/chujèdach	Guten Morgen/Tag!
Goedenavond! chujènaavènd	Guten Abend!
Welterusten! wälltèrößtèn	Gute Nacht!
Welkom! wällkomm	Willkommen!
Hallo!/Hoi! – Doei! hallo/hoj – duj	Hallo! – Tschüss!
Tot ziens! tott sienß	Auf Wiedersehen!
Tot gauw. tot chauw	Bis bald.
Hoe gaat het (met jou/u)? hu chaat hèt (mät jau/ü)	Wie geht's (dir/Ihnen)?
Dank u wel, goed! dank ü wäll, chut	Danke, gut. (gesiezt)
Eet smakelijk! – Proost! eet ßmaakèlèk – prooßt	Guten Appetit! – Prost!
Sorry! – Het spijt me. ßorrie – hèt ßpäjt mè	Entschuldigung! – Es tut mir leid.
Is niet erg./Is Okee. iß niet ärch/iß okee	Macht nichts! (Antwort auf Entschuldigung)

Register

Meine

002te-ug

10 Grüner Strand und Noordsvaarder [B5]

Eine Auszeit in der Natur am Westzipfel Terschellings: Wo früher eine Sandbank an die Insel anwuchs, kann man heute bei Ebbe lange Spaziergänge über den feuchten Sandboden unternehmen. Danach locken Kaffee und Kuchen oder ein gutes Abendessen in der Strandbar De Walvis mit traumhaftem Blick auf den Sonnenuntergang (s. S. 25).

004te-ug

31 Heartbreak Hotel [G2]

Am Strand mit Elvis – die Kombination aus American Diner und friesischem Strand ist wirklich einmalig: Burger trifft auf Cranberrys, Bud XL auf Chocomel. In der Atmosphäre der Fifties kann man prima den Tag verbringen – am besten mit einem erfrischenden Sprung ins kühle Meer zwischendurch (s. S. 63).

038te-ug

15 Arjensduin [D3]

Die Bank neben der einsamen, windschiefen Kiefer auf der Arjensduin lädt zu einem fantastischen Fernblick und romantischen Momenten ein, vor allem am späten Nachmittag, wenn die Sonne die Insel in ein sanftes, warmes Licht taucht. Tipp: Vielleicht ein Picknick mit auf den Dünenberg nehmen (s. S. 41)?

007te-ug

Der Vogel-Polder

Eine Fahrt auf dem Radweg Polderpracht (siehe Radtour 3) kann im Frühling zu einem Abenteuer werden. Die Brutvögel mögen es nämlich gar nicht, wenn sie gestört werden, und fliegen mit viel Gekreische nur wenige Meter über den Köpfen. Selten kommt man den Tieren so nahe! Nun heißt es, rasch weiterzufahren und das Federvieh in Ruhe zu lassen (s. S. 80).

Eine Insel zum Entschleunigen

Terschelling war in meinem „niederländischen Leben“, das 2004 begann, immer präsent. Ein guter Freund stammte von der Insel, meine Schwiegermutter verbrachte dort die Sommer ihrer Jugend. Ich begleitete meinen Mann zur Springtij, den regelmäßig auf der Insel stattfindenden Umweltkongressen des Club of Rome, und stürzte mich im Juni in das Kulturabenteuer Oerol (s. S. 88).

Doch erst mit der Recherche zu diesem Buch saugte ich gewissermaßen jede Düne und jeden Polder in mich auf, beobachtete Vögel und Orchideen, suchte das Gespräch mit den (oftmals wortkargen) Insulanern, radelte die Insel kilometerweit auf und ab und wanderte in der Mittagshitze zum Drenkelingenhuisje 33.

Je intensiver ich Terschelling kennenlernte und je öfter ich herkam, desto vertrauter wurde mir dieses wild-romantische Fleckchen Erde. Und irgendwann war es um mich geschehen und ich glaubte, nirgendwo im Land gäbe es schönere Dünen, weißere Strände, entzückendere Häuser und ein entspannteres Lebensgefühl als hier. Inzwischen kann ich es kaum mehr erwarten, wieder an Bord der Fähre zu steigen – mit Kurs auf Terschelling. Ich bin mir sicher, auch Sie werden die Insel in Ihr Herz schließen.

Die Autorin

Aufgewachsen zwischen Weinbergen und Biergärten, zog es die gebürtige Fränkin **Ulrike Grafberger** erst nach Italien, dann nach Hamburg und später in die Niederlande, wo sie sich nicht nur in einen Holländer, sondern auch in das Land verliebte. Das ist fast 20 Jahre her und seitdem lebt sie im Den Haager Stadtteil Scheveningen an der holländischen Nordseeküste. Inzwischen hat sie ihren Freundeskreis um ein paar nette Holländer und ihren Wortschatz um das kaum aussprechbare *sluistuinhuisje* („Schleusengartenhäuschen“) erweitert.

Ulrike Grafberger schreibt regelmäßig über Land und Leute – in Büchern, Artikeln und auf eigenen Websites. Sie war jahrelang „Holland-Botschafterin für Deutschland“ im Auftrag des niederländischen Tourismusverbandes. Für den Reise Know-How Verlag schrieb sie CityTrips über Den Haag mit Scheveningen, Bamberg (ihre Heimatstadt), Groningen, Leeuwarden, Maastricht und Lüttich sowie InselTrips über Texel und Ameland. Außerdem verfasste sie Reiseführer über Zeeland und die gesamten Niederlande.

001te-ug

Impressum

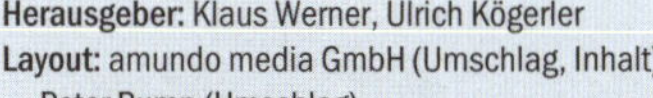

Ulrike Grafberger

InselTrip Terschelling

1. Auflage 2022

ISBN 978-3-8317-3528-0

Printed in Germany

Druck und Bindung:
mediaprint solutions GmbH, Paderborn

Herausgeber: Klaus Werner, Ulrich Kögerler
Layout: amundo media GmbH (Umschlag, Inhalt), Peter Rump (Umschlag)
Lektorat: amundo media GmbH
Karten: Ingenieurbüro K. Wendler, amundo media GmbH
Anzeigenvertrieb: KV Kommunalverlag GmbH & Co. KG, Alte Landstraße 23, 85521 Ottobrunn, Tel. 089 928096-0, info@kommunal-verlag.de
Kontakt: Osnabrücker Str. 79, 33649 Bielefeld, info@reise-know-how.de

Alle Angaben in diesem Buch sind gewissenhaft geprüft. Preise, Öffnungszeiten usw. können sich jedoch schnell ändern. Für eventuelle Fehler übernehmen Verlag wie Autorin keine Haftung.

Bildnachweis

Umschlagvorderseite, Umschlagrückseite und Umschlagklappe rechts: Ulrike Grafberger (die Autorin)
Soweit ihre Namen nicht vollständig am Bild vermerkt sind, stehen die Kürzel an den Abbildungen für die folgenden Fotografen, Firmen und Einrichtungen. Ulrike Grafberger: ug | Maurice Haak: mh | knrm: Koninklijke Nederlandse Redding Maatschappij

Terschelling mit PC, Smartphone & Co.

QR-Code auf dem Umschlag scannen oder **www.reise-know-how.de/inseltrip/terschelling22** eingeben und die **kostenlose Web-App** aufrufen (Internetverbindung zur Nutzung nötig)!

★**Anzeige der Lage und Satellitenansicht aller** beschriebenen Sehenswürdigkeiten und weiteren Orte
★**Routenführung** vom aktuellen Standort zum gewünschten Ziel
★**Exakter Verlauf** der empfohlenen Wanderungen und Radtouren
★**Audiotrainer** der wichtigsten Wörter und Redewendungen
★**Updates** nach Redaktionsschluss

GPS-Daten zum Download

Die GPS-Daten aller Ortsmarken, Wanderungen und Radtouren können hier geladen werden: www.reise-know-how.de, dann das Buch aufrufen und zur Rubrik „Datenservice" scrollen.

Inselplan für mobile Geräte

Um den Inselplan auf Smartphones und Tablets zu nutzen, empfehlen wir die App „Avenza Maps" der Firma Avenza™. Über die Funktion „Store" kann die „Islandmap Terschelling 2022" kostenlos geladen werden.

Zeichenerklärung

- Sehenswürdigkeit
- Aussichtspunkt
- Campingplatz
- Denkmal
- Flughafen
- Gipfel
- Kirche, Kapelle
- Parkplatz
- Strand
- UNESCO-Welterbestätte

- Wanderungen 1 und 2 (s. S. 83)
- Radtour 1 (s. S. 78)
- Radtour 2 (s. S. 79)
- Radtour 3 (s. S. 80)
- Radtour 4 (s. S. 81)

- Unterkünfte
- Essen und Trinken
- Einkaufen/Sonstiges
- Aktiv
- Nachtleben

Bewertung der Attraktionen

★★★ nicht verpassen
★★ besonders sehenswert
★ wichtig für speziell interessierte Besucher